中华先贤人物故事汇

柳公权

邹铁夫 著

中华书局

图书在版编目(CIP)数据

柳公权/邹铁夫著. —北京:中华书局,2023.6
(中华先贤人物故事汇)
ISBN 978-7-101-16077-2

Ⅰ.柳… Ⅱ.邹… Ⅲ.柳公权(778~865)-生平事迹
Ⅳ.K825.72

中国版本图书馆 CIP 数据核字(2022)第 257367 号

书　　名　柳公权
著　　者　邹铁夫
丛 书 名　中华先贤人物故事汇
责任编辑　何　龙　董邦冠
责任印制　管　斌
出版发行　中华书局
　　　　　(北京市丰台区太平桥西里 38 号　100073)
　　　　　http://www.zhbc.com.cn
　　　　　E-mail:zhbc@zhbc.com.cn
印　　刷　三河市宏达印刷有限公司
版　　次　2023 年 6 月第 1 版
　　　　　2023 年 6 月第 1 次印刷
规　　格　开本/787×1092 毫米　1/32
　　　　　印张 4¾　插页 2　字数 50 千字
印　　数　1-3000 册
国际书号　ISBN 978-7-101-16077-2
定　　价　20.00 元

出版说明

孔子周游列国，创立儒家学说；张骞出使西域，开辟丝绸之路；书圣王羲之，留下了曲水流觞的佳话；诗仙李白，写下了"举头望明月，低头思故乡"的名篇；王安石为纠正时弊，推行变法；李时珍广集博采，躬亲实践，编撰医药学名著《本草纲目》……

这些杰出的历史人物，有的是在中华民族文明进程中做出过突出贡献、对后世产生过巨大影响的思想家、政治家，有的是对中华优秀传统文化的传承传播发挥过重大作用的文学家、艺术家、科学家，有的是为国家安定统一、民族融合团结和中外文化交流做出过杰出贡献的军事家、外交家……他们为中华民族的繁荣发展做出了伟大的贡献，他们的行为事迹、风范品格为当世楷模，并垂范后世。

他们是中华民族的先贤人物。他们的思想、品德、事迹，是中华优秀传统文化的结晶；他们的故事，是对中华民族的禀赋、特点和气质最生动、最鲜活的阐释；他们的名字，在五千年中华文明史上最为光彩夺目；他们为五千年中华文明史书写了最为光辉灿烂的篇章。

为了解先贤，走近先贤，我们精心组织编写了这套《中华先贤人物故事汇》丛书，以翔实可靠的史料为依据，细腻动人的故事为载体，真实地呈现中华先贤人物的事迹、品格和精神风貌，彰显他们的贡献和功绩，激发人们对国家民族的热爱，对中华文明、中华优秀传统文化的崇敬。

开卷有益，期待这套丛书成为你的良师益友。

目 录

导 读

柳公权（778—865），字诚悬，京兆华原（今陕西省铜川市耀州区）人。柳公权以书法成就闻名，实际上他既是书法家，也是诗人，又是一代名臣。

柳公权自幼苦读，少有才学，二十九岁时高中状元，从秘书省校书郎任起，共历仕七朝，官至太子少师，封河东郡公，以太子太保致仕，故世称"柳少师"。咸通六年（865），柳公权去世，获赠太子太师。

柳公权为官秉直，前后三次官居侍书学士，曾以笔为谏，得授谏议大夫。也曾三步成颂，以诗助人，留下美谈。柳公权长在朝中，一直秉持公正，可谓难得。

柳公权的书法以楷书著称，是楷书的创新家，他吸取了王羲之、欧阳询、颜真卿等各家之长，形成匀衡瘦硬、骨力劲健、点画挺秀、结构严谨的"柳体"，自成一家，自唐代元和年间以后，柳公权声誉日高，外族入贡时，专门准备钱财来购买柳公权的书法作品。柳公权当时与颜真卿齐名，人称"颜柳"，后世有"颜筋柳骨"的美誉。又与欧阳询、颜真卿、赵孟頫并称"楷书四大家"。传世碑刻有《金刚经刻石》《玄秘塔碑》《神策军碑》等。

今人学书，仍从效法唐代欧、虞、褚、颜、柳等书法家入门。柳公权所建立的楷书规范，对书法学习、审美有重要意义。柳公权为中国书法艺术的发展做出了突出的贡献，成为后世百代之楷模。

偶遇字画汤
得中状元郎

　　大唐开国以来，政治清明，社会稳定，历经贞观之治、开元盛世，经济繁荣昌盛，文化兼容并蓄，整个社会出现了重视文学艺术的风尚，加之与异域文化交流频繁，诗歌、音乐、书法、绘画、雕塑等艺术分支均达到一个高峰，可谓盛世华年，才人代出。虽经安史之乱，但气度不减，至代宗大历年间，文坛群星闪耀，京师长安一带，更是文化中心之一，群贤毕集，不可胜数……

　　赤日艳阳，暑气蒸腾，京兆华原大地被太阳晒得火热。黄土路上一个卖豆腐的老汉挑着担子慢慢走来。他口干舌燥，放下担子稍作休息，再往前走就是柳家原了。

远望原上，一抹黄土地，在天空与大地交接处，如波浪般的暑气，让景物都有些变形。此时，人们大多闭门不出，暂避暑热，整个村子除了夜里，大概就是这个时间最为安静。但村边一棵老桑树下，却传来喧闹声，仔细看去，原来是一群孩子聚在树荫下玩耍。老汉咽了口唾沫，挑起担子走到树下，既纳凉休息，也可凑个童趣。

只见斑驳树影下摆了一张小方桌，桌上放着纸笔，原来是几个孩子在比较谁写的字好看。孩子们围着桌子指指点点，说个不停。居中的是一个不足十岁的少年，眉清目秀，听众童夸赞自己的书法，面露得意。他见到老汉过来凑热闹，心想："一群孩子夸我有什么意思，让这大人赞赏才好呢。"便将自己写的字递过来，不无得意地说："老人家，大家都说我的字最好。依您看，我写得到底如何？"

虽说这老汉是一平头百姓，可也识文断字，他擦擦汗水，轻轻接过一看，原来纸上写着"飞凤家"三个大字。民间有俗语："会写飞凤家，敢在人前夸"，意思是"飞凤家"这几个字笔画复杂，结构不易把握，一旦能写好，就说明书法基础很好了。细看纸上这几个字，对一个少年来说，确实不错。

老汉心中赞许：年少如此，未来可期。不由得又看了看这少年，却见他眉目间有得意骄傲之神色，老人心头一动，对一个孩子来说，心高气傲恐怕不是什么好事，于是皱着眉头低声说道：

"我看你这字啊，不怎么样。这字就像我担子里的豆腐一样，绵软无力，空有形体，没有筋骨，不值得夸赞。"说罢，侧眼看了看少年。众童子一听，哄堂大笑。

这少年满以为能得到夸赞，没想到却迎来一盆浇头冷水，瞬间面红耳赤，瞪大眼睛说："你说我的字绵软无力，有本事你写来看看！"

老汉见少年动怒，哈哈大笑，说道："我一个卖豆腐的，写不好字。不过比你写字好的人多了，甚至有人用脚写字都比你强。"

少年似受到极大侮辱："胡说！哪里有人用脚写字！"

老人爽朗一笑，道："我老汉还骗你不成？你若不信，可以到华原城里去看看嘛。"说罢，笑着挑起担子走了。

少年看着老汉离去的背影，满脸疑惑与愤怒，咬着嘴唇想："难道真有人用脚写字？还是这老汉故意让我难堪？"这少年自幼好强，经这老汉讥讽几句，气得投纸于地，转身回家。众童子见状，也一哄而散。

少年回家之后心绪不宁，夜不能寐。心中暗忖：小时候贪玩，不好好练字，父亲曾严厉批评，自那之后，我勤学苦练，自觉大有进益，怎么今日反而受辱？可白日见老汉言行举止，又似确有其事……

一夜辗转反侧、迷迷糊糊间，天光渐亮。少年心中仍在思考着老汉的话，暗想："华原城，我一定要去看看！"

少年打定主意，一骨碌翻身起来，悄悄留了张字条，装了几个馍馍就向华原城里走去。柳家原离华原城有四十里路，好在他曾随家人去过，倒还隐约记得道路。早起风清气爽，正宜赶路，一路无话，终于到了华原城。此时已近中午，少年头上见汗，已感疲惫，但他顾不上休息，便急着四处搜寻起来。

往日来到华原城，他总要各处看看热闹，跟家人要些好吃的好玩的，但今日他对周围店铺、路边摊贩视若无睹，一心寻找用脚写字的人。找来找去，终于看到在一棵大槐树下，挂着一个白布幌子。轻风掀动，幌子招展。他看清上面写着三个大字——"字画汤"，字体苍劲有力，笔法雄健潇洒。周围人影攒动，围成一个半圈，少年心下一动，急忙赶了过去。

当少年挤进人群，不由得目瞪口呆。原来人群正中，有一又黑又瘦的老者，缺失双臂，赤脚坐在地上，身前铺着一张纸，旁边摆放笔墨。只见老者以左脚压纸，右脚夹笔，轻松熟练地写着大字，虽是用脚，但运笔自如，字体龙飞凤舞，功力颇深，引得人群中发出阵阵赞叹声。旁边摆放着多幅完成的书画作品，书法隽美，画作不俗，不时有人出价购买，旁边有人代为收钱打理。

少年望着老者和地上的字，从难以置信到慢慢入神，心想："那卖豆腐的老头确实没有说谎，天

人群正中有一又黑又瘦的老者，缺失双臂，赤脚坐在地上，右脚夹笔，轻松熟练地写着大字，引得人群中发出阵阵赞叹声。

下居然真有用脚写字之人，这位'字画汤'爷爷真是了不起。自己双手健全，尚不及人家用脚写字，真是惭愧至极。"少年一直静静地看着，直到人渐渐少了，才走上前去，双手施礼，恭恭敬敬道："先生好！"此时字画汤才注意到这个孩子，抬头见他眉清目秀，仪表不凡，看穿着便知是大户人家的小郎君，连忙应答："这位小郎有何贵干？"

少年再次施礼道："方才见先生写字，让人佩服，我想拜您为师，请传授我写字的方法。"

字画汤听罢，摇头一笑："岂敢，我只是一个苦命的老头，靠写两笔字过生活罢了，岂敢收徒传艺，误人子弟。"

少年一听，心急如焚，苦苦哀求。字画汤万般无奈，对少年说："小郎君不必着急，我浪迹江湖，确实无法收徒传艺，但见你诚心，斗胆送你几句话吧。"说罢，用脚轻巧地铺开纸张，夹起笔杆，刷刷点点，写了几句话。少年定睛细看，只见他写道：

写尽八缸水，砚染涝池黑。

博取百家长，始得龙凤飞。

字画汤一笑，解释道："我自小用脚写字，难上加难，为了练字，我不辞辛苦，家里有个能盛八担水的大缸，我磨墨练字用尽了八缸水。我家墙外有个半亩地大的涝池，每天写完字就在池里洗砚，最终池水都染黑了。就这样到今天我已练了五十多个年头了，才能写这么几个不像样的字。要说秘诀也就是这些了，可是，我的字还差得远呢！"

说罢准备起身，少年连忙扶起字画汤，帮他收拾好东西背在肩上。字画汤说："我不敢收你为徒，你若想学书，我朝徐浩、颜真卿均为大家，要学他们的书法。你我相识一场，就把这张纸送给你吧。"言毕，转身摇摇晃晃而去。

少年望着字画汤消瘦的背影逐渐远去，深深施礼相送。随后捧起那张纸又读了几遍，小心翼翼地装起来，转身回家去。

出了华原城，少年两日来的沮丧、迷惑、愤怒之情尽消，咬了几口馍馍，不顾疲劳一路向家奔去，沿途景致与来时无二，他的心情却大为好转。

这少年是谁呢？原来他名叫柳公权，生于唐大历十三年（778），其父柳子温，官至丹州刺史，祖父柳正礼，官至邠州司户参军。柳家枝叶繁茂，人才辈出，可谓名门望族，河东先生柳宗元即是柳公权的族叔。而柳公权后来也堪称一代名臣。

不过，在这乡间土道上小跑回家的小公权根本不知道后来的事，他满脑子都是字画汤写的字、说的话。

柳公权刚一进门就被父母看到，父亲向来严厉，此刻面沉似水，问他："这一天你到哪里去了？"柳公权不敢隐瞒，一五一十把事情经过讲述了一遍，然后把字画汤老爷爷给的字条拿给父亲看。父亲接过一看，拈须点头称善，随即把字条放在桌上问道：

"权儿，你今日得见字画汤先生，也算是一段奇遇，字画汤先生指点你学书，是你的造化。这字条说的意思你可懂了？"

柳公权回话道："孩儿懂了，是说练字一要勤学苦练，二要博采众长。"

柳子温点头，又问："除此之外，还有什么最重要？"

柳公权思忖片刻道："孩儿不知，请父亲明示。"

柳子温微微一笑，起身拿过一刀一剑，在桌上摆成一个"人"字，看着柳公权说："权儿，写字如同做人，空有表面架势不行，要像刀剑一样铁骨铮铮才是！"

少年柳公权，望着字画汤写的字条，还有桌上用刀剑摆成的"人"字，若有所思……

柳家是华原大户，世代耕读于柳家原。柳子温膝下二子，长子柳公绰，次子柳公权。柳子温对儿子的教育十分严格，柳家世代读书为官，柳子温自然希望两个儿子也能认真读书，未来走仕途之路。为此他煞费苦心。

三更灯火五更鸡，古人读书秉烛达旦，异常辛苦。

一日夜间，正在读书的少年公权不由得打起瞌睡，此时柳子温来到他的身后，深知读书甘苦的柳子温轻轻拍了拍公权的肩头，柳公权一下子就清醒了，连忙站起来说：

"父亲，孩儿不该打瞌睡。"

柳子温点头道："读书在勤、在用心，否则事倍功半，权儿今后要谨记。"

柳公权连忙答道："孩儿记下了。"

"夜间苦读，难免瞌睡，"柳子温说着，从怀中掏出一只小瓶，从瓶中倒出一枚黑亮药丸，递给柳公权，"来，把这丸药含于口中，可解困乏。"

小公权好奇地盯着这药丸，心中纳闷，倒没听说有解困的药啊？但父亲让自己含服，总不会错的。

于是他双手恭敬地接过药丸，轻轻送入口中。初入口，一阵清凉，小公权刚觉好处，紧接而来的却是苦如黄连，小公权差点吐出来，但是没敢。他抬头疑惑地看着父亲。

柳子温微笑道："这是我以几味苦药调和、配制的一种药丸，该药虽可提神醒脑，但味极苦，口含苦药，也就不打瞌睡了。你兄长当年在家读书之时，也是每夜口含此药，最终读书有成，考取功名。古人悬梁刺股，是后辈楷模，但也不必模仿，口含苦药，有异曲同工之效。"

小公权自小最喜欢哥哥，哥哥柳公绰大自己

十三岁，一直对自己关爱有加。哥哥后来应试及第，少年成名，是小公权的榜样。原来哥哥当年也是含着这味苦药读书的，可见父亲的苦心和希望。

想到这儿，小公权说："多谢父亲赐药，孩儿当不负父亲厚望，用心苦读。"

柳子温捋须点头，留下药瓶，转身而去。

小公权重新入座，口含苦药，打起精神认真读书。

他想像哥哥一样，通过刻苦读书早早登科。

时光荏苒，一转眼柳公权已年满二十，柳子温要为柳公权举行弱冠之礼，一时间柳家张灯结彩，热闹非凡。

弱冠礼始自周朝，男二十岁谓之"弱冠"，即戴上有象征意义的帽子，以示成年，但因体格未壮，故称"弱冠"。女十五岁称"及笄"，就是改换发型，把头发拢上，并用笄（簪子）固定，以代表成年。"弱冠""及笄"均要举行仪式，是为成人礼。

弱冠礼对男子来说，是人生非常重要的时刻，行过冠礼，就意味着被视为成人了。柳家为原上大户，柳公权的冠礼吸引了不少乡亲来观礼，一时人头攒动，议论纷纷。柳公权虽然年纪不大，但少年才俊，在柳家原人人尽知。虽然同住原上，时常相见，但众人仍不想错过观看柳公权的成人礼。

众人议论间，冠礼已经开始了。

柳公权由父亲柳子温、长兄柳公绰领入柳氏宗祠。一进宗祠，柳公权本来紧张的内心不由肃穆起来。

仪式由柳子温亲自主持，在祭告天地、祖先之后，柳子温请出同乡几大家族的长者为柳公权加冠。冠礼是具有象征意义的：先是加黑色缁布冠，表示从此有参政治国的资格和责任；接着加白色的皮弁，表示从此有保卫社稷疆土的责任；最后加红中带黑的素冠，表示从此可以参加祭祀大典。依次加冠，方为礼成。

在父亲、长兄和乡亲们的注视下，柳公权完成了冠礼，他心中激动，同时也明白自己要承担的责任，再抬起头，眼神中分明有了坚定和执着。

除了仪式之外，男子行弱冠礼后，长辈就可赐一表字。柳子温给柳公权取字"诚悬"。

礼成之后，柳家摆酒设宴招待宾朋，柳公权依次敬酒答谢，举止得体，礼数周到，众人不由交口称赞。

原上大户令狐家、傅家与柳子温相厚之人，也向柳子温道贺：

"我看公权虽然年少，但才华出众，更有一手好字，未来不可限量啊！"众人附声。

柳子温笑着说："犬子年幼愚钝，蒙各位先生抬爱了。"话虽如此，心中却也很高兴。他膝下两子，长子公绰，二十岁应制即登科，现官居吏部员外郎，前程可期。现在次子公权也是少年有为，做父亲的甚是欣慰。

柳公权在敬酒答谢过程中，耳听众人对自己的夸赞、期许，诚惶诚恐之下，有些得意，同时暗下决心，要像兄长一样快速考取功名，光耀门庭。

至晚，宾客逐渐散去。柳公权随父兄转回屋内，父亲柳子温和母亲崔氏落座，长兄柳公绰侧座。柳公绰是为了弟弟的弱冠礼特意赶回家中的，他比公权年长十三岁，看着弟弟长大，对弟弟关爱有加。可以说柳公权在读书、习字、为人做事等方

礼成之后，柳家摆酒设宴招待宾朋，柳公权依次敬酒答谢，举止得体，礼数周到，众人不由交口称赞。

面，都深受兄长柳公绰的影响。

见大家落座，柳公权整理衣帽，再次下拜。

柳公绰扶起弟弟，笑呵呵地问道：

"二弟，你可知父亲赐字'诚悬'是何意？"

熟读经书的柳公权答道："父亲赐字诚悬，喻指处事公正明察。语出《礼记·经解》：'故衡诚悬，不可欺以轻重。'这是希望我亦公亦诚，诚悬之下，轻重难欺，轻重必正。"说到这里，柳公权眼睛湿润了。

柳公绰说道："二弟所言极是，望弟勉力读书，为人公正，不枉父亲厚望。"

"是。"柳公权再拜答道。

柳子温望着二子，含笑拈须点头。

母亲崔氏则在一旁低头轻轻拭去眼角的泪珠。

柳公绰看了看母亲，笑着说道："二弟此后应制科举，前途不可限量，母亲可得宽慰。"崔氏含笑点头。

不单柳家人，即便整个柳家原都认为柳公权马上就要一鸣天下知了。

次年，柳公权踌躇满志，在家人和乡亲们相送之下前去赴考。柳公权虽然老成持重，但想象着前程，难抑心中喜悦，便在马蹄声中高声朗诵：

会稽愚妇轻买臣，余亦辞家西入秦。
仰天大笑出门去，我辈岂是蓬蒿人。

借着李太白的这首诗，柳公权憧憬着金榜题名时的情景。轻车快马，阵阵凉风，他无暇观看沿途景色，一心向考。

等柳公权回到柳家原后，大家都等着喜报传来，可是左等右等，却毫无消息。派人看榜回来，结果竟然是名落孙山……

得知消息，柳公权愣了半晌，面红耳赤，低头不语。

母亲崔氏安慰他说："这次不行，下次就考上了，权儿不必忧愁。"

柳子温也说："科考本就如此，像你哥哥那样一考即登科的毕竟是少数，咱们从长计议。"

柳公权虽然脸面无光，但也无可奈何，谢过父母，暗下决心，下一次一定要金榜题名。自此更加发奋读书、勤练书法，只等一雪前耻。

世事弄人，背负着"神童"之名的柳公权，自冠礼之后，虽苦读不辍，也连番应举，却次次名落孙山。

柳公权走在柳家原上，感觉乡亲们看他的眼神都从以前的期许、赞扬变成了嘲笑和鄙夷，尤其看到父母忧虑的表情，柳公权更是无地自容。

心有不甘，却无可奈何……

一晃四年过去了。除了每日读书、练字，柳公权极少出门。他本就不是很外向的人，几年来连续科考失利，更让他有了较大的心理压力。不如闭门读书，倒也清净。

柳公权苦读的同时，仍勤练书法。唐代学子都比较重视书法，柳家更有勤习书法的传统，柳公权的长兄柳公绰就能写一手好字。柳公权虽然科举不顺，但是书法方面却意外有了一个出名的机会。

公元800年，河东节度使、检校礼部尚书李说去世，享年六十一岁。唐代盛行立碑，李氏家人登门邀请柳公权为李说书写碑文。这让柳公权有些意外，毕竟自己资历尚浅，远近擅书者也大有人在，指明要自己来书写节度使的碑文，着实让他有些受宠若惊。柳公权有意推辞，却被柳子温代替应承下来，在柳子温心中，一方面认为却之不恭，另一方面也在为次子的将来谋划着一种可能。

既然父亲代为应承，柳公权自然要用心完成使命。第一次书写碑文，柳公权还是有些欣喜，甚至得意。通读几遍碑文文稿，沉吟筹划片刻，便展纸提笔，开始书写，他落笔之下，铁画银勾，飞扬飘逸，很快书写完毕，柳公权检查一遍后，心中暗自得意。

次日清晨，柳公权捧着文纸来见父亲，问安后，献上文字请父亲点评。

柳子温接过展开，观看片刻，轻轻放下，对柳公权说：

"权儿，重写一份吧。"

柳公权一愣，脸红低头，忙答道："是。"

回到书房，柳公权打足精神，再次认真书写碑文，恨不得把所有本事都拿出来，要写一篇让父亲满意，同时扬名于世的作品，直写了一天，方才搁笔。

柳公权再次将碑文呈给父亲观看点评，柳子温一览之后，略皱了皱眉说道：

"权儿，再写一份吧。"

柳公权称是退出。

三日后，柳公权又一次拿出自己的作品时，柳子温看罢叹气，说：

"权儿，还需重写。"

这一次柳公权实在忍不住，鼓起勇气问道：

"父亲，是孩儿书艺不高，不胜所托吗？"

柳子温望了望满眼疑惑的柳公权，答道：

"权儿，书写碑文最重什么？"

柳公权一听，未敢回答。

柳子温也不勉强，接着说道："所谓碑文，实乃记录碑主一生的文字，其文应符其实，其字也应合其意，文章、书法应该是统一的。"

柳公权频频点头。

柳子温继续说："权儿，你书法略有小成，但没有领会碑文的深意和气度，字与文，神韵分离，因此我认为不妥当。"

柳公权听罢，头上微微冒汗，原来自己过于想要出人头地，处处炫技，而没有体会碑文本身的内涵，父亲才让自己重写，接连三次，自己都没有体会到父亲的苦心，着实汗颜。

想到这里，柳公权说："多谢父亲教诲，孩儿懂得了。"

柳公权回到房内，沉思半夜。第二日一早，柳公权并没有着急书写，而是出门去见长兄柳公绰。柳公绰忙完公事后，便和二弟坐下边喝茶边谈，柳公权则把写碑文一事以及父亲的话和盘托出。

柳公绰笑道："父亲所言甚是，可是二弟也是诚实得很啊。"

柳公权也笑着回答："兄长莫要取笑，小弟有求于兄长。"

"但说无妨。"

"兄长在官场，是否了解节度使李说其人，请兄长讲一讲他的生平。"

柳公绰点头微笑道："好，二弟有心。"

于是，柳公绰就将自己所了解的事情详细告诉了柳公权。

这李说乃淮安王李神通之后，其父李遇，于天宝年间为御史中丞，李说以门荫入仕。当时名将马燧为河阳三城、太原节度，看重李说，因此李说被辟为幕僚。此后又跟随李自良，再之后官场几度沉浮，历经磨难。晚年权柄旁落，疾病缠身，身如浮萍……

兄弟二人促膝长谈，不觉已到掌灯时分。索性秉烛夜谈，柳公绰不但介绍了李说的事迹，还引发了对官场的很多感慨，让柳公权深感官场沉浮、如履薄冰。

次日天明回家后，柳公权又查阅了相关资料，对李说更加了解。然后再次认真阅读碑文文稿，此文乃白云翁郑儋所撰，文字老到，感情充沛，这一次阅读碑文，感触与之前大为不同。

准备多日后，柳公权沐浴更衣，恭恭敬敬地开始书写。柳公权在书写之时，心中只有对碑主李说一生的回顾，对人世无常的感慨，不由笔下凝重，字字庄严，这一篇碑文竟写了两日。

当柳公权再次将写好的碑文呈给父亲观看时，柳子温从头到尾仔细看了半晌，点头道："好，好。"

这篇碑文送与李家，刻成石碑，一时间柳公权的书名广为传颂。这一年，柳公权二十四岁。在他的书碑生涯中，此乃开山之作。

柳子温想，如果公权仕途不畅，以书艺存身也未尝不可。可自李说碑后，请柳公权书写碑文的却不再有了。

柳公权每日除了读书写字，便是游历家乡周围名胜，同时访贤交友，排解苦闷。

正当柳公权愁眉不展之时，大唐风云突变，一日，柳公权外出归来，柳子温面色凝重地将他叫住，向他讲了一件大事。

原来，这年正月二十三日，唐德宗病死在皇宫中的会宁殿，时年六十四岁。太子李诵继位，即唐顺宗。顺宗登基后，励精图治，改革朝政，重用王叔文、王伾、刘禹锡、柳宗元等人，形成了以"二王刘柳"为中心的革新派集团。改革主张加强中央集权，反对藩镇割据，反对宦官专权，史称"永贞革新"。

永贞革新必然会触动当时的既得利益者，特别是宦官的利益，宦官俱文珍等人巧妙谋划，以权术诱导唐顺宗立长子广陵王李淳（后更名为李纯）为太子，并下诏书由皇太子主持军国政事。时机成熟后，宦官拥立李纯登上皇帝之位，即唐宪宗。唐顺宗莫名其妙退位成为太上皇，等顺宗醒悟过来为时已晚，永贞革新就这样离奇地失败了。

此事让柳公权大为吃惊，惊讶于宦官的能力和权术竟然可以达到这个地步，一国君主也能被他们玩弄于股掌之上。这让柳公权为顺宗皇帝深深惋惜，也加深了他对官场和皇权的警惕之心。

季节更替，华原大地景色虽好，可年年岁岁，风景依旧。

柳公权科举不顺，诸事不成，一筹莫展。他的心情正如这原上景色，虽绿意新萌，却也习以为常，便渐渐放下功利之心，平常视之。

二十九岁的柳公权再次从柳家原出发，前往京城长安参加春试大考。

柳公权骑马走过熟悉的路程，这一次他心态平和了许多，说对科举考试不抱希望是假的，但早以平常心对待。一路上柳公权放慢脚步，欣赏旅途风

柳公权再次从柳家原出发，前往京城长安参加春试大考。
一路上柳公权放慢脚步，欣赏旅途风景。

景，风土人情，心中暗想：这熙攘人间烟火，总比那官场沉浮好上许多吧？

一路徐行，春风暖意，颇为自在。

赴考轻装上阵，考后一身轻松。

返家路上，柳公权忽然记起孟郊，在渡过难关而考中后欣喜若狂，作《登科后》："春风得意马蹄疾，一日看尽长安花。"

柳公权微笑着摇了摇头，回家！

唐宪宗元和元年（806），在京兆华原的一条土路上，一匹快马飞也似的奔跑着，马蹄踏起的黄土烟尘飞腾而起，被马甩在身后。快马上骑着一名皂衣汉子，满脸汗水灰尘，正扬鞭打马，似有急事。

飞马直奔柳家原，马快蹄疾，惹得柳家原人人侧目，不知道发生了什么。只见此人来到柳子温家，翻身下马，众人定睛一看，原来是柳子温派出去看榜的家人柳全。

只见他快步走入大门，上气不接下气地呼喊："大喜……"

柳子温正在书房读书，听到有人高喊不禁一愣，片刻后拈须微笑不语。

柳子温端坐在书房，等柳全进来时，全家上下都已经聚到屋里了，你拥我挤，窃窃私语。柳子温轻轻端起茶水，慢慢喝了一口，问："什么事？"

柳全见柳子温泰然端坐，自己连忙敛容站好，整理衣服，朗声说道："小郎君考中了。"

一句话说完，屋内便炸开了锅，拍手声、喝彩声起伏不断，大家欣喜异常。

柳子温面色如常，问："第几名？"

柳全抬头看了看柳子温，又侧眼看了下旁边侧立的柳公权，答道："第一名，小郎君中了状元！"说完，柳全再也控制不住，咧开大嘴笑了起来。

这一下，屋里再次炸开了锅！

柳子温也是瞪大了眼睛愣了一下，然后面带笑容看了看夫人，只见夫人双眼垂泪，搂过柳公权，又哭又笑。

柳公权虽不能说对功名利禄看得很淡，但多次科考失利，已经让他心静如水，这次考中并不为奇，但得中状元，还是出乎意料的。柳公权一边替母亲擦拭泪水，一边劝慰。

唐宪宗元和元年，柳公权登进士科，又登博学宏词科，是为状元。

柳家原乡党们也为之自豪，奔走相告：咱原上出了一名当朝状元！登门道贺的人络绎不绝，柳公权心中突然轻松起来，多年来乡亲们的希望给他的压力太大了，这一下终于透过气来了。

直至夜里，前来道贺的亲朋才逐渐散净。柳子温也比较乏累，早早歇息去了。

柳公权独自回到书房，一碗清茶一盏孤灯，一个人孤零零静坐许久。十数年的寒窗苦读，多年来的功名压力，其中甘苦，只有柳公权自己体味得最深。如今状元得中，一鸣惊人，心中这份喜悦却夹杂着太多复杂心情，一时不知道如何化解。前途如何，更是如云雾后的孤山，明灭难睹。

柳公权不知道，未来的他将与唐朝很多状元一样，青史留名。

唐代状元建功立业者较多，唐开元九年（721）的状元王维，是唐状元中诗画成就最高的，也是盛唐山水田园诗派的杰出代表。天顺圣皇后长安二年（702）状元张九龄，乃唐开元尚书丞相，秉公直谏，选贤任能，不徇私枉法，不趋炎附势，其人举止优雅，风度不凡，深为时人所敬慕。就连武状元郭子仪，也曾两度担任宰相，同时也是历代武状元中军功最为显著者。

如今，摘下当朝状元桂冠的柳公权，孤坐在书房，长久地出神。

忽然，窗外几声梆子响起，已经三更天了。

柳公权回过神来，忽然想起当日赶考途中的情景，于是轻轻拿起笔来，在纸上写下："春风得意马蹄疾，一日看尽长安花。"

搁笔。

书房里熄了灯。

窗外渐渐起了雨点声。

十年芸香吏
塞北马蹄扬

　　唐宪宗元和三年，柳公权高中状元。二十多年苦读苦挨，在一夜之间，名震天下。随即，柳公权被授秘书省校书郎，正九品上。

　　在一个风和日丽的清晨，他骑着高头大马走出柳家原，穿过华原城，这条路柳公权曾多次走过，沿途虽风景依旧，但心情大为不同。

　　一路无话，终于来到长安赴任。这是柳公权仕途的开始，刚刚三十岁的他，绝不会想到自己漫长的仕途生涯，竟然历仕宪宗、穆宗、敬宗、文宗、武宗、宣宗、懿宗七朝，宦海沉浮，几经风险，却也见证了大唐兴衰。

　　柳公权所任的校书郎，是秘书省的基层官职，其主要工作是"掌校雠典籍，订正讹误"，其实就是编辑、校对图书，参与史书的修撰。虽说就这么一个小官，但在唐代却是备受推崇的，因为被委任为校书郎的，大多是文学、经学水平都比较高的人才，一般要求科举出身。白居易有诗《西明寺牡丹花时忆元九》云："前年题名处，今日看花来。一作芸香吏，三见牡丹开。"因此，"芸香吏"又成了校书郎的别称。

唐代很多名人都是从校书郎起步青云直上的，校书郎虽是九品微官，往往是时人仕途的开端。在唐代，从校书郎起家的诗人或文士当中有三十五位官至宰相，由此可见一斑。因此，在柳家看来，这是柳公权仕途的良好起点。

初登仕途，柳公权自是兢兢业业，立志干出一番事业。同僚大多是一些文才出众、秀逸超群之人，他们文学素养丰厚，并惯于广泛地接触社会，用诗文记下自己的体会和感受。在与同僚相互唱和中，唐代校书郎之间形成了不少优秀诗作，柳公权也不例外。

柳公权虽然性格内敛，但一入秘书省，少不了与同僚交往、唱和，生活与当年掩门闭窗、青灯黄纸、寒窗苦读之光景不可同日而语。

唐宪宗元和二年（807）十月，宰相武元衡因与朝中大臣不和，被罢去相位而任剑南西川节度使。武元衡乃武则天曾侄孙，也曾进士及第，还当过华原县令，如此看与柳家也算有渊源，因欣赏柳公权兄长柳公绰的才干，遂任命柳公绰与裴度为节度判官，随武元衡一同入蜀赴任。

兄长即将离京赴外地任职，柳公权前去送别。这天清晨，柳公权早早守在长安城外通往蜀地的路口，不住地向城门张望。不一会儿，只见城门处人马熙攘，浩荡而行，众人簇拥中，有三匹高头大马并驾齐驱而来。柳公权定睛一看，下首那匹马上，正是胞兄柳公绰。他连忙下马，在路边站好，向兄长等人行礼。

柳公绰见胞弟立于路边，忙翻身下马，笑呵呵拉过公权的手说道："有劳贤弟相送。"

柳公权恭恭敬敬地说道："兄长远行，理当相送，兄长此番入蜀，望保重身体，父母及家事，自有小弟照料，请兄长放心。"

柳公绰微笑点头，正说话间，旁边有人说道："柳判官，这位就是你常说的状元兄弟？"

只见有两人下马上前，经柳公绰介绍，一位是新任剑南西川节度使武元衡，另一位就是与柳公绰关系莫逆的裴度。

这武元衡相貌英俊，在当时有"第一美男"的雅称，此时他身穿官服，更显气宇轩昂。柳公权忙上前施礼，武元衡双手相扶，说道："常听你兄长提起，今日得见，果然英姿俊朗，一表人才，不愧为我朝状元。"

然后转头向裴度说："昔日我曾任华原县令，深知华原人才济济，如今看公绰、公权两兄弟，就是我华原乡党中的杰出代表啊。"裴度点头赞同。柳公绰、柳公权兄弟连称"不敢"。

武元衡、裴度与柳氏兄弟相谈甚欢，互有仰慕之情。但大军不可久等，随即出发。临行前，柳公绰对柳公权叮嘱再三，兄弟方才洒泪分别。

柳公权第一次见到武元衡和裴度，深感二人谈吐、气度不凡，不由得既羡且敬，只是刚刚认识，便各自分别，颇感遗憾。又想到兄长从军远行，又添伤感。

其实，柳公绰两年后就任营田副使、检校尚书、吏部郎中兼成都少尹，元和五年（810），柳公绰回到长安，改谏议大夫。柳公绰刚正不阿，多次秉公直谏，深得宪宗皇帝喜爱。

唐宪宗即位后，屡次用兵伐叛，又多次外出游猎。鉴于宪宗如此行为，柳公绰想要借事讽谏，于元和五年（810）十一月献上《太医箴》，这是一篇绝妙的"怪文"，看似句句说的是药石之言，其实暗含劝谏之意。宪宗阅后，认为柳公绰是高才，派使者慰问，并对他说："你说的'气行无间，隙不在大'，对朕的担忧何等深切，朕应该把它作为座右铭。"一个月后，宪宗下诏任命柳公绰为御史中丞。

而武元衡则在五年后才得以还朝，宪宗元和八年（813），治蜀七年的武元衡拜门下侍郎、同平章事，实乃宰相，裴度仍为其副手。同年，柳公绰移任鄂州刺史、鄂岳观察使。

自武元衡和裴度还朝，柳公权终有机会与二人交往，三人常常聚而谈文论道、饮酒品茶，武元衡、裴度对年轻的柳公权非常赏识，也很欣赏公权的书法，常向人推荐。

大唐元和十年（815）六月二日暑热异常，柳公权刚刚完成工作回到寓所，就有武元衡派人来请他到武府相见。柳公权忙整理衣冠，来到武府。跟随武府家人辗转来到会客厅，只见武元衡和裴度正对坐饮茶，柳公权忙上前施礼。

见柳公权进来，裴度对武元衡笑道："诚悬来了。"

武元衡也转头对柳公权笑着说："诚悬，快请入座。"

柳公权谢过并侧座，武元衡和裴度虽待柳公权亲切，但其实武、裴二人不但官职比柳公权高很多，同时也年长柳公权许多，柳公权将二人视为师长，因此在二人面前礼数周全，恭敬有加。此番忽然被请到武府，不知道有何缘故，因此柳公权施礼落座后，并不敢随便说话，只等待二人训示。

武元衡看出端倪，微笑道："诚悬不必拘谨，今日请你来，并无他事。裴侍郎新获方山露芽，正适消暑，因此请你共饮。"说话间，早有家人给柳公权端来茶碗。

柳公权这才放下心来，谢过后端茶轻啜。这"方山露芽"初闻清淡，入口回香，果真是茶中佳品，饮后觉清热消暑，十分舒适。

三人边饮边谈，谈话间，柳公权想起坊间传说，看武、裴二人情绪甚好，便借机求证："听闻淮西节度使吴元济谋反，果有此事？"

话一出口，只见武、裴二人脸色阴沉下来，柳公权忙道："朝中大事，下官不该多问。"

武元衡看了一眼柳公权，轻叹一声说道："诚悬多虑了。只是提起此事，我心中有气。"

裴度接话说道："朝中对此事争论不休，居然很多人认为应该安抚，如此大事，怎能安抚？除了淮西节度使吴元济之外，成德节度使王承宗、淄青节度使李师道虎视眈眈，图谋不轨，如不杀一儆百，则后患无穷！"

柳公权听罢，不禁奇怪道："如此道理，怎么皇帝也不明白吗？"

武元衡放下茶碗，摇了摇头说："诚悬，朝中利害错综复杂，你宅心仁厚，不尽了解，难啊……"

裴度拍案而起，说道："再难也要进谏，一定要朝廷派人清剿！"

武元衡默默点了点头，不再说话。

三人品茗、交谈，不觉已到掌灯时分。见灯光亮起，明月高悬，武元衡淡然一笑，说道："愚偶得一诗，与二位助兴。"说罢站起身来，拈须望月，轻声念道：

夜久喧暂息，池台惟月明。

无因驻清景，日出事还生。

武元衡见景生情，诗歌将此时此景和此刻忧思，含蓄委婉地表达了出来，可谓才思敏捷，裴度和柳公权不禁叫好。但柳公权总觉得后两句似有不吉之兆，但未敢多言。

稍晚，裴度、柳公权告辞回家。

临分别前，武元衡又叫住柳公权说道："诚悬，以你的才华、人品，终有飞腾之日，他日得志，切记宦海沉浮，要小心谨慎啊……"柳公权躬身称谢。

柳公权回到寓所，辗转反侧，心中郁结难解，直至很晚方才睡去。睡梦中的柳公权哪里知道，第二天一早将听到惊人的噩耗。

大唐元和十年六月三日，天刚拂晓，长安城万籁俱寂，只是时不时有几声梆子响和狗叫声。城南靖安坊一座府邸打开门户，一行队伍鱼贯而出。正中间一匹高头大马，马上端坐的正是当朝宰相武元衡。前面一对灯笼开道，一行人沿着道路左侧缓缓行进。与平时一样，武元衡起早去大明宫上朝。

武元衡坐在马上，心中盘算着朝中大事，他暗下决心，今日上朝一定痛陈利弊，劝皇帝下决心清剿叛乱。正盘算间，忽然灯光熄灭，原来不知何处射来弓箭，瞬间将灯笼射灭。紧接着，密集的箭雨从暗中射来，射得武元衡的随从纷纷倒毙、逃散。随后，一队黑衣人冲出，迅速牵了武元衡的马走出十几步远，随即刺杀了武元衡，并取下首级快速离去……

与此同时，刚从宅所出门的裴度也遇到刺客，刺客向裴度连击三剑，均未致命，受伤后裴度跌下马来，刺客又挥剑追杀，裴度的护卫王义以身掩护，被砍断了右手，混乱中刺客撤退，裴度得以幸免。

消息传出，朝野上下一片哗然，在如何处理叛乱的当口，宰相当街被刺，这明摆着是公然挑战。宪宗皇帝龙颜大怒，责令严查，明令窝藏刺客者，诛灭九族。旋即案情告破，斩杀了张晏等十九人，但出于种种原因，元凶淄青节度使李师道等人则没有被追查。时任左赞善大夫的白居易愤而上书责难办案官员，因而触怒群僚，以越职言事的罪名，落了个贬官的下场。其他人看了，也只能敢怒不敢言。

柳公权听到武元衡被刺的消息，惊呆半晌，不敢相信当朝宰相就这样在长安城被明目张胆地刺杀了，武元衡在柳公权心中是亦师亦友的存在，回忆起才华出众被称为"第一美男"的武宰相，他的心中异常伤感。

柳公权悲愤难忍，但人微言轻，无可奈何，只好给胞兄柳公绰写信，讲述了武元衡被刺以及前一天自己还和武、裴二人饮茶畅谈的事情。

不久接到柳公绰的回信，作为武元衡的好友，柳公绰在得知武元衡被刺身亡之后，也是十分难过，恰好收到柳公权的书信，讲述武元衡被刺前还在忧虑平叛之事，心中更是为之惋惜、伤感。柳公绰在信中讲述了自己和武元衡交往的故事，看到柳公权提到武元衡所作《夏夜》一诗，又回忆起他们互相唱和的往事，便抄录了两首给柳公权。

一首是武元衡曾写给柳公绰的名为《送柳郎中裴起居》的送别诗：

望乡台上秦人在，学射山中杜魄哀。

落日河桥千骑别，春风寂寞旆旌回。

另一首是柳公绰入蜀期间写的《和武相锦楼玩月得浓字》：

此夜年年月，偏宜此地逢。

近看江水浅，遥辨雪山重。

万井金花肃，千林玉露浓。

不唯楼上思，飞盖亦陪从。

柳公权反复读着兄长与武元衡的诗作，不由拿起笔来，奋笔疾书，抄录这几首诗，直至大汗淋漓……

宪宗皇帝下决心平乱，下诏委任裴度为门下侍郎、同中书门下平章事。

柳公绰也接到命令，命他调派本部五千兵马参战，归安州刺史李听指挥。柳公绰时任鄂岳观察使，而李听只是安州刺史，按例是受柳公绰节制的，朝廷让柳公绰调派兵马听李听指挥，显然是认为柳公绰一介文官不如李听懂得打仗。柳公绰性格刚烈，有勇有谋，当即上奏朝廷，请求亲自带兵开赴前线。朝廷准奏后，柳公绰就率领大队人马来到安州，安州刺史李听则按例身穿戎装前来迎接柳公绰。柳公绰对李听说："李太守，你一身戎装，自是为了打仗，若要打仗就要明确军令。你出身于将门，熟知兵法，如果认为我没有能力指挥，你可以回朝，如果愿意听从我的指挥，我今后将按照军法行令。"

李听则斩钉截铁地回答："一切都按您的命令办。"

柳公绰点了点头，当场任命李听为鄂岳都知兵马使、中军先锋、行营兵马都虞候，又挑选六千精兵交由李听统率，告诫众将校说："行营事务一切由都将（指李听）决断。"

柳公绰号令整肃，军纪严明，甚为时人所称道，柳公绰与李听共事之后，二人互相钦佩，成为好友，协力治军，鄂军每战必胜。

自柳公权得中状元，担任秘书省校书郎以来，十几年光景过去了，却一直没有得到升迁。

这让很多人，甚至是柳公权的同僚都有些不解。柳公权品行端正，工作勤勉，十几年原地不动着实有些奇怪。也许是他不懂钻营取巧，不会阿谀奉承？抑或是得罪了上官？又或者是柳公权性格内敛，谦逊礼让，平时不显山露水，难以被人发现？当然也有人说他痴迷书法，没有把精力放在升官发财上面。总之，柳公权任劳任怨地担任校书郎，一晃十几年过去了。

柳公权自己倒不太在意，一方面他对权力和物质生活本就要求不高，另一方面，耳闻目睹朝中发生这么多事情，让他对官场间的倾轧争斗、对错综复杂的暗流涌动总有一份距离感。校书郎这份工作正好顺了柳公权的心意，整理资料，抄写文章，习练书法，时不时和朋友谈论文章，唱和诗词，远离权力斗争，做些喜欢的事情，何乐而不为呢？

但柳公权的长兄柳公绰却不这么想，柳公绰认为胞弟任校书郎十余年，实在是屈才了，而且为了弟弟的前途着想，也不能让他长期安于现状。

柳公绰于元和十一年（816）十一月，迁任京兆尹，终于回到长安。此前，父亲柳子温已经去世，在柳公绰任鄂州刺史、鄂岳观察使时，他将母亲接到夏州颐养天年。这次柳公绰任京兆尹，终于可以带母亲回乡，与弟弟柳公权团聚了。没想到回长安不久，母亲就因年迈离世。柳公绰、柳公权二人痛不欲生，一起回到华原柳家老宅，为母亲守丧，亦称丁忧。

柳公绰、柳公权两兄弟是大孝之人，在生母崔夫人丧后，二人丁忧期间因哀伤过度而身体瘦弱。后来，又服侍继母薛氏三十年，以至于有些不了解情况的人，以为薛氏是二人的亲生母亲。

柳公绰守丧期满，任刑部侍郎，兼任盐铁转运使。而柳公权则收到夏州刺史李听来信，欲请柳公权为幕僚。柳公权心中疑惑，拿不定主意，来找柳公绰商议。

柳公权将李听的来信呈给兄长，说："请兄长过目。"

柳公绰接过信来，大略一看，将信放下，笑道："你怎么想啊？"

柳公权答道："弟自以为不善军事，因此难当此任。"

柳公绰摆了摆手，说："此言差矣，你自幼博览群书，不必过谦，但你久任秘书省，固步不前，此番履职藩镇，我看是你练达的机会，此其一。刺史李听乃人中龙凤，与他共事，对你大有裨益，此其二。你性格文雅内敛，但决断不足，北上夏州，习练军事，可增果敢，此其三。以上三者，公权斟酌。"

柳公权想了想说："刺史李听是兄长好友，此次机会莫不是……"

柳公绰笑着摇手打断，说："你不必多虑，李听如何用人自有其道理，再者，前途如何，主要还是靠自己。"

元和十四年（819）五月，已经四十二岁的柳公权，被夏州刺史李听辟为幕僚、掌书记、判官，正八品上，这是柳公权一生中唯一一次履职藩镇。

夏州州治位于现今陕西省靖边县红墩界镇白城子村附近。晋时匈奴人赫连勃勃称夏王，在此地建立大夏，于朔水之北、黑水之南建造都城，名为统万城，公元431年，大夏被北魏灭国，统万城被改名为夏州。隋大业元年（605）改朔方郡，隋末为梁师都所据，唐贞观二年（628）讨伐平定，复名为夏州，置都督府。历史上的夏州可谓是一处曾经演绎北方混战历史的广阔舞台。

柳公权打点行装，离别繁华的长安城，离京赴任。一路北上，前往风沙弥漫的塞北夏州，看着沿途景色逐渐荒凉，柳公权心里反倒坚定起来。状元的光辉早已消弭殆尽，十几年校书郎生涯，其实自己也有些厌倦了，此番赴夏，将来会不会得到升迁倒不重要，离开人事复杂的长安城，离开故纸堆，去广阔天地历练一番倒也是好事。民风淳朴剽悍的塞外边关，也许能让自己逃出樊篱，放牧内心于天地之间，同时，汲取大自然的奇妙造化，于书法造诣的深层体悟也有裨益。

对于未来的顶头上司李听，柳公权是比较钦佩的。这个李听就是兄长任鄂州刺史、鄂岳观察使时，带兵平定叛乱时的手下。

李听的父亲李晟乃一代名将，李听七岁时，因是功臣之子而获任太常寺协律郎。其父李晟的部下认为李听年幼，不太尊敬他，李听立即令人鞭打那位部下，李晟由此认为他是个奇才。李听年长后，进入于頔幕府做事。跟随吐突承璀征讨王承宗时，为神策行营兵马使，李听在战斗中，多次杀死叛军勇将。唐宪宗李纯认为他很英勇，命令军中画他的图像献给朝廷。吐突承璀多次向李听询问破敌的谋略，终于活捉叛贼卢从史。由此李听升任左骁卫将军，出任安州刺史，随鄂岳观察使柳公绰讨吴元济，军声大振。这中间他与柳公绰建立了深厚的友谊。后来，唐宪宗征讨李师道，命令李听出任楚州刺史。淮西兵战斗力很弱，郓州人一向看不起他们，李听每天整训，将士都振奋起来，进军涟水，占领沭阳，攻取海州，进攻朐山，迫使守敌投降。

怀仁、东海两城望风归降。统淮南之师平了山东，凭战功，李听被授夏州刺史之职。

柳公权来到夏州履职，每日勤于公务，闲暇苦练书法，因性格内敛，较少与人交往。

柳公权的勤勉和过于内敛，都被李听看在眼里。有一日，李听带兵巡视，点名叫柳公权陪同。一队骑兵出城后，李听马鞭一挥，众人纵马疾行，柳公权打马紧紧跟随，等到了开阔地，众人速度突然加快，一霎时，呼啸声、马蹄声、甲叶声群响交集，风声在耳边呼啸而过，大漠广阔无边，似乎纵马万年也跑不到尽头。柳公权开始还有些紧张，慢慢地被这辽阔的边塞风光和纵马疾驰的豪情所感染，心情舒畅起来。

一行人马一直来到无定河边，方才驻马小憩。无定河是夏州旁一条河，因其流量不定，深浅不定，清浊无定，故名无定河，又名生水、朔水、奢延水，从大漠流过，注入黄河。

站在河边，望着卷带着黄沙的河水汹涌翻腾，水声震耳，对岸遥遥，柳公权又是一番感慨，这景象在长安城是看不到的。柳公权回想十几年的校书

一行人马一直来到无定河边，方才驻马小憩。无定河是夏州旁一条河，
因其流量不定，深浅不定，清浊无定，故名无定河。

郎生涯，虽也每日躬行，可日复一日，枯燥无味，不来此地，哪得如此见识。

正出神间，李听转头问道："柳判官，你看这夏州景色如何？"

见刺史问话，柳公权忙答说："壮哉！难怪当年赫连勃勃北游此处，叹曰：'美哉，临广泽而带清流，吾行地多矣，自马岭以北，大河以南，未之有也！'"

李听笑着说："柳判官果然博闻强识，当年赫连勃勃建都于此，为了让他统一天下、君临万国的美名得以流传，于是将此地命名为'统万'，也算是气势如虹，成就了一番霸业。"

柳公权道："《诗》所谓'王命南仲，往城于方'，是也。"

李听点头说："可如今物是人非，自汉武帝收复，隋时又改朔方、五原郡，到如今终归我大唐，想古来英雄曾于此地建功立业，你我今日又在此地守护这如画河山，怎能不生豪杰之叹！"

柳公权与众人皆点头称善。

柳公权又看了看对岸，感叹道："不到夏州，真是很难体会王维'大漠孤烟直，长河落日圆'之诗意精髓。这苍茫漠野，虽空旷而有风骨，只可意会不可言传。家兄说此地有许多好处，看来不虚。"

李听点头接话说道："你兄长柳侍郎，虽以文才入仕，但当日我在其麾下平乱，深为其才略折服。"

说到这里，李听还向大家讲了柳公绰的一段趣事，力证柳公绰的刚正和严谨。

柳公绰上任京兆尹那天，前有官兵开道，后有戟阵相随，仪刀团扇，僚佐相拥，气派非常。突然，一个神策军小将驰马直冲而来，打乱了仪仗队伍。小将被制服后，手下请令处置，柳公绰下令依照法令行事，处以杖击，没想到小将气绝身亡。在当时，长安城无人敢惹神策军，大家都为柳公绰捏了把汗。果然，上朝后唐宪宗怒责柳公绰为何杖杀神策军，柳公绰从容对答："陛下令臣管辖京兆，臣初次上任，就有人违反法令擅闯仪仗队伍，这不但是对臣的无礼，更是在蔑视陛下的权威，臣只知道冲仪仗的人按例理当杖击，神策军也不能例外。"唐宪宗一时语塞，便改为责问："为什么不上奏？"柳公绰答道："臣只是在行使正常的职责，不该臣上奏。"宪宗再求其次："那应该谁来上奏？"柳公绰回："此人所在的神策军应当上报，此外，如果死在大街上由金吾卫将军上奏，如果死在坊里应当由左右巡街使上报。"

唐宪宗面对柳公绰的义正词严，也无可奈何。事后宪宗皇帝对左右的人说："你们以后遇上柳公绰这个人要多留心，连朕也怕他几分。"

故事讲完，众人莞尔，也深为柳公绰的刚正不阿所折服。休息片刻，众人打马返程，呼啸声中，烟尘蔽日。

柳公权在夏州除了任判官外，其职位之一是太常寺协律郎。太常寺属于五寺之一，乃掌营礼乐的最高行政机关，协律郎主要负责音乐、祭祀相关工作。由此可见，擅长书法艺术的柳公权，亦是精通音乐的高手。

柳公权还有一个职位，即节度掌书记，乃掌管一路军政、民政机关之机要秘书。随着藩镇权力的扩大和独立性的增强，掌书记的地位也显得越发重要，在藩府中掌表奏书檄等文书，掌书记除了要求善写奏章文檄，还要精于书法，柳公权均游刃有余。

在夏州每天处理、书写大量公文的过程中，柳公权对书法的理解又上了一个台阶。柳公权以前的字虽然精致，但囿于性格、环境，文雅有余，坚韧不足。自从来了夏州，天地辽阔，河山壮丽，每日见军容整饬，口号震天，柳公权心情、气度都有了很大变化，其书法也更加硬朗，筋骨挺拔起来。每一篇公文写完，总能引起同僚赞叹。

此时柳公权的书法已经颇有名气，在夏州任判官的这年正月，柳公权应邀书写《薛苹碑》，该碑又称《左常侍薛苹碑》，孟简撰文，柳公权正书并篆额。唐元和十五年闰正月立于河中，即今山西永济蒲州。

大漠寒冬，滴水成冰，转眼来到新年，既在军中，一切从简，柳公权也早已习惯了这种清苦简单的日子。一日，柳公权刚起床，就被叫到李听的大帐，一进帐中，只见群僚围坐，个个面色阴沉。李听见柳公权进来，递给他一封信，柳公权疑惑地打开，不看则已，看罢便愣在当场。

元和十五年正月二十七日夜，宦官王守澄、陈弘志等人潜入皇帝寝宫，居然谋杀了四十三岁的宪宗皇帝，然后伪称皇上"误服丹石，毒发暴崩"，并假传遗诏，命李恒继位，是为穆宗。一夜之间，换了天地。

柳公权将书信递还李听，群僚默然。

公平而论，唐宪宗李纯算是中唐一位明君，即位以后，经常阅读历朝实录，每读到太宗和高宗的故事就仰慕不已。宪宗以先祖为榜样，勤勉政事，每日在延英殿与宰相议事到很晚才退朝。其在位十五年，君臣同心同德，取得了一系列成绩，成就了唐朝的中兴气象。只是后来落入李唐皇帝追求长生不老的传统，开始服食丹药，变得性情暴烈，动辄对身边的宦官责打或诛杀，最终引来杀身之祸。

寒冬。朔风。

柳公权躲在夏州城的官衙里，挨过一个又一个塞上冬夜。他期待春天的暖阳，照在自己的肩膀和书案上。

春天终于到了。

这年初春，柳公权孤身一人北上夏州满一年，柳公权也着实想念留在京城的家人，大漠经历虽然难得，可也难免思乡之苦。李听善解人意，借机会命柳公权入京奏事，一方面为了公事，一方面也有机会看望家人。

柳公权回京，京中不少同僚听闻纷纷来访，柳公权不曾想到的是，登基不久的穆宗皇帝听说柳公权回京，特意下旨叫柳公权觐见。

柳公权心中打鼓，不知道皇帝召见自己有何用意，他小心谨慎地来到朝堂，以大礼拜见皇帝。

穆宗皇帝命柳公权平身站起，说道："朕于佛寺见卿笔札，思见卿久矣。"

一句话说得柳公权丈二和尚摸不着头脑，但也不敢细问。

穆宗皇帝见柳公权不解，接着说："卿可记得唐安寺壁题诗否？"

柳公权听闻此言，恍然大悟。

原来柳公权曾路过唐安寺，于寺中讲堂西壁看到画家朱审所画的一幅山水画，其画有峻极之状，重深之妙，潭色若澄，石纹似裂，岳耸笔下，云起峰端，咫尺之地，溪谷幽邃，松篁交加，云雨暗淡，绝妙非常。

柳公权看罢大加赞赏，灵感激发，执笔题诗曰：

朱审偏能视夕岚，洞边深墨写秋潭。
与君一顾西墙画，从此看山不向南。

写罢登程。六七年过去了，皇帝今日提起，柳公权才记起此事。原来唐穆宗登基前也曾到唐安寺一游，自然也看到了朱审的画作，同时也注意到柳公权的题诗，特别赏识柳公权的诗作和书法，便铭记于心。直到今日才有机会召见柳公权，他毫不掩饰喜爱之情，而柳公权性情使然，对谈中不骄不躁，不卑不亢，神情自若。

柳公权性格内敛低调，但才华横溢的人早晚要放光的，穆宗皇帝因为多年前一首题壁诗而赏识他，也算有心栽花花不开，无心插柳柳成荫。君臣二人于朝堂之上谈论文章、书艺，十分融洽投机。

穆宗皇帝自幼喜欢琴棋书画，对柳公权确实是发自内心地赏识，为了方便与柳公权交流，下旨将柳公权留在长安，升任右拾遗，即谏官拾遗的别称，补翰林学士。

一时间，朝臣得知职守多年的状元校书郎柳公权从夏州判官位置回京入了翰林，都认为实至名归，呼柳公权为国珍，奉为国宝。

字谏拂圣意
问道白诗王

　　唐穆宗长庆元年（821），四十四岁的柳公权在右拾遗、翰林侍书学士任上。

　　翰林即文翰之林，意同文苑，翰林学士最初于南北朝时期设立。到了唐高祖时期，开始设立由各种有才能的人士供职的宫署，称为别院，是为翰林院的前身，除文学人才外，医卜、方技、书画，甚至僧道等皆可入选。人才与杂流并处，任职者并无名号，主要是供皇帝游乐消遣的机构。到了唐玄宗时，开始选取擅长文辞之人入翰林，逐渐演变为皇帝的秘书、顾问，开始参与机要。此后，在各朝各代，翰林学士一直是社会上地位最高的士人群体。

　　长庆元年，新任翰林柳公权为谢皇恩，手书

《蒙诏帖》（又名《翰林帖》）。其文句如下：

> 公权蒙诏，出守翰林，职在闲冷。亲情嘱托，谁肯响应，深察感幸。公权呈。

此帖字形长短宽窄不一，或断或连，笔墨浓淡轻重有致，线条以中锋为主，饱满圆厚，具有层次上的变化，险绝有致，不拘常规，极少唐朝森严法度的束缚。字帖一经传出，引得交口称赞。

同年，长兄柳公绰第二次出任京兆尹，兼领御史大夫。兄弟二人终于又在长安相聚，柳公权将自己在夏州与李听共事的过程讲给兄长听，又仔细问了兄长这些年的情况，兄弟二人久别重聚，互诉过往。当说到柳公权受皇恩，入翰林院之时，柳公绰说道：

"贤弟饱读诗书、书艺绝伦，皇帝有此恩遇，并不奇怪，我早断定贤弟必当成就功名，未来不可限量。"

柳公权连忙称谢。

柳公绰接着说："有两件事请贤弟谨记。"

柳公权恭恭敬敬地说："但听兄长教诲。"

柳公绰笑道："一则官场错综复杂，尤其这长安城不比夏州，贤弟言行切记处处谨慎。"

柳公权点头称是。

柳公绰接着说："二则，你我既食君禄，当尽责尽忠，既报君主，也为苍生。你官列拾遗，自当秉公进谏，方不负皇恩。"

柳公权再拜回答说："小弟记下了。"

柳公权自小就信服自己的兄长，长年以来一直听从兄长的教导行事，兄长的这两句嘱托，柳公权更是牢记于心，立志要以魏征为榜样，成为一代名臣。

可柳公权慢慢发现，钦点自己入翰林院的穆宗皇帝，其实并不像他表现的那样文雅，而是醉心于游乐，对政事漠不关心。比如朝廷尚在为宪宗治丧期间，穆宗就毫不掩饰自己对游乐的兴趣，当宪宗葬于景陵以后，他就带着亲信随从离开皇宫狩猎取乐去了。到六月，皇太后郭氏移居兴庆宫，穆宗就率领六宫侍从在兴庆宫大摆宴筵。穆宗每三日来神策左右军一次，同时驾临宸晖门、九仙门等处，目的是为了观赏角抵、杂戏等表演。七月六日是穆宗的生日，他异想天开地制订了一套庆祝仪式，因为一些大臣提出不合古制礼法，苦苦相劝，才算作罢。

有一天，穆宗心血来潮，决定第二天往华清宫游乐，当时正值西北有兵犯境，神策军中尉梁守谦率神策军四千人及八镇兵赴援，形势十分紧张。御史大夫李绛、常侍崔元略等跪倒在延英殿门外苦谏，穆宗竟然对大臣们说："朕已决定成行，不要再上疏烦我了。"第二天一早，穆宗从大明宫出发前往华清宫，随行的还有神策军左右中尉的仪仗以及六军诸使、诸王、驸马等千余人，一直到天色很晚才还宫。

对于穆宗的"宴乐过多，畋游无度"，谏议大夫郑覃等人一起劝谏："如今边境吃紧，形势多变，如果前线有紧急军情奏报，不知道陛下在什么位置，又如何是好？另外，陛下经常对倡优戏子毫无节制地大肆赏赐，这些都是百姓身上的血汗，没有功劳怎么可以乱加赏赐呢？"穆宗看到这样的表章感觉很新鲜，就问宰相这都是些什么人，宰相回答说是谏官。穆宗就对郑覃等加以慰劳，还说"当依卿言"，穆宗的这一态度使宰相们高兴了一阵子，但实际上穆宗对自己说过的话根本不当回事，转过身依旧我行我素。

一天，穆宗在宫中麟德殿与大臣举行歌舞酒宴，很兴奋地对给事中丁公著说："听说百官公卿在外面也经常欢宴，说明国家富强、天下太平、五谷丰登，我感觉很欣慰。"

对于这样一位不听劝告的皇帝，百官均摇头叹息，无可奈何。

此时的柳公权还担任侍书学士，算是皇帝的书法老师，官阶品级虽然不高，但因为工作特殊，反而能够时常在皇帝身边。

这一日，穆宗皇帝散朝之后，信步走到殿外，连日阴雨天过去，云开日现，湛蓝的天空如丝绒般铺展，直达天际。人明宫在阳光照耀下灿如天宫，宫内绿草青青，空气清新。穆宗皇帝心情十分舒畅，回到书房，趁着兴致拿起笔来，刷刷点点写了一幅字，写完之后，自己左右端详，不甚满意。猛然想起侍书学士柳公权，于是传旨叫柳公权前来。

柳公权上殿行礼完毕，穆宗皇帝说："今日朕略得空闲，想与卿家练练书法。"

早有人铺纸研墨，笔架上狼羊软硬各式毛笔俱全，一切准备停当，柳公权问："今日皇上临什么帖？"

穆宗说："我朝颜真卿字体端庄雄伟，气势开张，但临摹起来需要耐心，稍有一笔不足就不成样子，令人败兴，还是王右军的字临起来气势连贯。"

柳公权点头说："皇上所言甚是，我朝书法初则继承晋时传统，至太宗后名人辈出：以张旭、怀素为代表的狂草，笔墨之间倾注感情；颜真卿则另开新路，自成一家，遒劲郁勃，天真自然，但不易习练。其实不管哪一家，都是师从王右军，从王临起，自可稳固根基。"

柳公权说罢，展开《兰亭集序》。

穆宗皇帝端坐执笔，临写了一页，自己上下看了一遍，觉得尚可，便请柳公权评点。

柳公权拿起观看，穆宗喜好书法，基础尚可，但结构、笔力均差太远，更别提韵味。穆宗皇帝请柳公权指点，作为侍书学士，也不得不作评价。

柳公权稍一斟酌，说道："皇上此幅字，结构尚好，笔墨匀称，确实进益了，只不过……"柳公权稍有犹豫。

穆宗皇帝笑道："朕虚心求教，卿家但讲无妨。"

柳公权接着说道："只不过有些字笔画意蕴不足，通篇气势不连贯。"

穆宗听罢连连点头，忙把笔递给柳公权，柳公权接过笔来，指出几个字可改之处，并一一在旁书写示范，有的地方讲解笔画笔意，有的地方说明笔势如何运行连贯。

穆宗听完看罢，打心眼里佩服柳公权的讲解和演示。照着柳公权的讲解，又试着写了几个字，有的字确实一下子就豁然开朗，而有的地方仍然抓不住要领，顿时有些急躁。

柳公权笑道："皇上也不必心急，书法总是要慢慢练来的。"

穆宗皇帝也心平气和下来，喝了口茶水，便问柳公权："卿家，这书艺除了勤学苦练，是否还有什么诀窍？"

柳公权听了一愣，心想：练书法除了勤学苦练，哪还有什么诀窍啊？但他突然想起兄长柳公绰曾嘱咐他的话，心下一动，略一沉吟，回答道："勤学苦练是根本，若说诀窍，也是有的。"

穆宗一听，眼前一亮，忙问道："卿家快快讲来。"

柳公权放下笔，稍整衣冠，朗声答道："用笔在乎心，心正则笔正。"

此话一出，旁边伺候的宫娥太监均为之一震，偷眼观看柳公权和穆宗皇帝。

所谓"聪明不过帝王家"，穆宗皇帝虽然年轻，但听出了柳公权话中有话，渐渐变了表情，脸色严肃起来。他知道，这是柳公权借写字来劝谏自己，做皇帝要心正，心正则笔正，心正自然也会成为明君，这是"字谏"啊。

穆宗皇帝轻轻点头。

殿中太监、宫娥，均为柳公权捏了把汗，怕穆宗皇帝怒而降罪。但见柳公权岿然不动，面色庄严，丝毫没有畏惧之意。穆宗皇帝紧闭嘴唇，也不发话。

柳公权放下笔，稍整衣冠，朗声答道"用笔在乎心，心正则笔正。

良久，穆宗皇帝笑了一下，说道："卿家所言极是。今天倦了，退下吧。"

众人长出一口气。

也许是穆宗体会到了柳公权的良苦用心，长庆二年（822）九月，翰林侍书学士柳公权迁右补阙，从七品上。右补阙的主要职责是对皇帝进行规谏，并举荐人才。

两个月后，穆宗皇帝终于停止了饮宴游乐，倒不是真的听了柳公权的话，而是他中风了。

穆宗皇帝在与宦官打马球时，一位内官突然坠马，由于事发突然，穆宗皇帝受到惊吓，遂停赛准备进殿休息，下马后忽然双脚酸软，一头栽倒，经诊断为中风，卧病在床。穆宗中风以后，仍然妄想长生不老，和他的父皇一样迷恋上了金石之药，正因贪生之心太甚，服食丹药过多，反而加速了他的死亡。

长庆四年（824）正月二十二日，穆宗驾崩，死时尚不满二十九岁。

太子李湛即位，是为敬宗。

柳公权仍任侍书学士兼右补阙。柳公权寄希望于这位新皇帝能够一改先皇游乐作风，励精图治，重用贤臣。然而事实让他失望了，敬宗皇帝继承了他父亲的一切爱好，即便是穆宗刚去世的一个月内，敬宗皇帝就在大明宫开辟了多处游乐地，还在中和殿里大奏音乐，每日尽欢而散。在后来的日子里，敬宗用在吃喝玩乐上的时间，远比参与朝政的时间要多得多。

敬宗虽然也时常召见柳公权请教书法，但无论学习态度和书法功底都远不如其父穆宗。但大唐崇尚书法，敬宗对书法艺术还是比较认同的。

这一日，敬宗皇帝正在殿内同柳公权练习书法，刚写了几幅字，便有些不耐烦了，和柳公权说："要不我们踢会球去吧？"

柳公权未及回话，忽然殿外人声喧哗，敬宗和柳公权正纳闷发生什么事，只见一小太监气喘吁吁地跑进来，上气不接下气地高呼："反……反贼杀进宫啦！"

一句话，惊得敬宗皇帝手中的毛笔落了地！

殿外，杀声四起……

事情说来也好笑，这群"反贼"其实不过是一群平民和痞子，为首的一个是染坊的役夫张韶，另一个是在长安街头算卦的苏玄明。二人算是好友，有一天喝酒，苏玄明给张韶算了一卦，半开玩笑半弄玄虚说："哎呀，我看张兄你命中注定不是凡人，将来必有大富贵。"

这张韶一撇嘴，说："啥大富贵？还能当皇上啊？你骗人都骗到我头上了。"

被张韶讥讽，苏玄明有些不自在，接着说："张兄，依我看你还真就是有帝王之命，将来要坐上皇帝的宝座呢！"

张韶听罢哈哈大笑，说道："好，等我坐了宝座，一定请你喝酒！咱也尝尝皇上喝的酒什么味儿！"

这苏玄明借着酒劲，看看左右无人，压低声音说："王侯将相宁有种乎？当今皇上白天打马球，晚上猎狐狸，忙得不可开交，大多数时间都不在宫中，我看这就是你我成事的好时机！"

二人酒杯一碰，计议已定。随后暗中寻找了一群人，有的是和张韶一同在染坊工作的同行，更多的是长安街头的闲散痞子，竟然联络了一百多人。

他们把兵器藏在制作染料用的紫草里装上车，大模大样地朝皇宫进发。很快被巡逻的禁卫军发现破绽，拦下来查问，张韶一见事情不好，直接抽出刀杀了士兵，大家一看事已如此，索性拿起武器，大声喊叫着直奔皇宫杀去。

一方面事出突然，又离皇宫太近，另一方面确实守备空虚，让这伙儿游民居然直接杀入宫内。敬宗皇帝吓得手足无措，柳公权和几位当值太监连忙指挥，让一名小太监把敬宗皇帝背起来，从侧门背到神策军大营保护起来。

再说张韶、苏玄明这伙人，一鼓作气杀入正殿，张韶自顾自坐上了皇帝宝座，跷着腿哈哈大笑，对苏玄明说："老兄，真让你算准了，兄弟我还真坐上了皇帝宝座。我也说话算话，就坐这请你喝酒！"说罢，果真找来酒菜，就地吃喝起来。

苏玄明一看张韶居然只顾喝酒，见事不好，赶紧拉着大家逃跑，结果正遇上宫廷卫兵赶来，张韶、苏玄明和追随者全都被砍死，一场闹剧就这么结束了。

敬宗皇帝虽然躲过一劫，但此事让柳公权感叹不已：一方面柳公权看到敬宗一味追求玩乐，不理朝政所带来的严重后果，另一方面也为自己的遭际叹息，哪个有志向的读书人不希望遇到明主呢？柳公权也曾希望遇到太宗一样的君主，自己去做魏征一样的谏臣。当年屡考不中，年届三十得中状元，结果又任小小的校书郎十余载，再后来辗转去了夏州苦地，好不容易回到长安入了翰林，穆宗、敬宗二主又是这个样子，自己巧设谏言不被采纳，满腔抱负无处施展，真是可悲、可叹啊！

渐渐地，柳公权心灰意冷，能够排解郁闷的也就是书法了。公事之余一有空闲，便投身书法艺术的海洋之中，在点画之间与先贤交流，在精神世界中寻找解脱。此外，宗教文化也是排解郁结的一个途径。

唐代儒释道三教并行，饱读诗书的柳公权对佛家思想、道家思想均有研究。先前，在多年的习书生涯中，也曾抄写过经文，如《金刚经》《清静经》《度人经》等。唐穆宗长庆四年，柳公权又潜心书写了一遍《金刚经》，此时的柳公权已经四十七岁，人生经历让他逐渐成熟起来，其性格逐渐坚韧，对书法艺术的认识也更加深入，在结合众家所长的同时，开始形成了自己的风格。《金刚经》下笔精严不苟，笔道瘦挺遒劲而含姿媚，结体缜密，以纵长取形，紧缩中宫，开展四方。此作字如其人，风骨铮铮，成为柳公权早期代表作。

此作刻碑立于西明寺，成为当时一景。原石于宋代损毁，唯一的唐拓本，1908年发现于甘肃敦煌莫高窟藏经洞，现藏巴黎博物馆。

长庆四年六月，柳公权书《大觉禅师塔铭》，李渤撰文，胡证篆额，立于赣州。这时候，柳公权的书名已经逐步走出京城长安，远播天下。

到了长庆四年年终岁末，柳公权出了翰林院，迁为起居郎，由七品迁为六品上。

起居郎，本来只掌管记录皇帝日常行动与国家大事，但实际上也有参政之权了。

上任不久，起居郎柳公权就联合谏议大夫独孤朗等人，上表弹劾淮南节度使王播卖官鬻爵。

这个王播出身贫寒，刚入仕时曾经清正廉洁，后来逐渐开始贪污受贿，为了得到敬宗的擢拔，他在盐铜税内巧立名目，每月给敬宗皇帝送钱，年达百万余贯。

柳公权等人因此弹劾王播，他们对敬宗说：
"之所以会出现这种事，主要是各地诸侯不依从皇
命，再者处理贪污的官员利欲熏心，此风不止，则
后患无穷。"

面对柳公权等人的联名上奏，敬宗皇帝表示此
事容后再议。敬宗身为天子，本应公正执法，惩
治买官卖官者以振朝纲，但他自己也受了行贿者的
供奉，又不好反驳谏臣的上奏，只好搁置了此案。
随后一面安抚柳公权等人，一面掩饰王播等人的劣
迹，最终不了了之。但这事广为人知，此后上行下
效，腐败日增。

柳公权仰天长叹，却也无可奈何。只好继续
寄情于书法之中，唐敬宗宝历元年（825）正月
二十四日，柳公权看到王献之书写的《洛神赋》，
深为内容感慨，为书法倾倒，怀才不遇之情、壮志
难酬之意均在《洛神赋》中找到共鸣，情不自禁题
词于上，又临写一遍，挂于书房，时常诵读慨叹。

敬宗宝历元年，柳公权赴苏州，与白居易
相聚。

白居易一生仕途坎坷，815年，因宰相武元衡遇刺上书，被认为是越职言事受罚，其后又被诽谤而贬为江州司马。818年冬，被任命为忠州刺史，820年夏，被召回长安，任尚书司门员外郎。821年，任中书舍人。822年，被任命为杭州刺史。825年，被任命为苏州刺史，可谓漂泊无定。

　　尽管柳公权只比白居易小六岁，却很仰慕白居易，除了白居易文采人品均属一流、令人钦佩之外，还有几个原因。一是白居易与武元衡交好，武元衡是柳公绰、柳公权的好友，他们志趣相投，自然是同道中人。当年武元衡被刺身亡，朝廷短时间没有追查幕后黑手，白居易仗义执言，上书请愿，最终落个贬官的下场。二是白居易与柳家有些渊源。柳公权的父亲柳子温去世，因柳家世代为朝廷出力，又有柳公绰、柳公权在朝为官，朝廷恩赐为柳子温追加荣耀，由白居易亲自撰写《柳子温赠尚书右仆射诏文》，言辞真挚。此外，唐穆宗长庆二年九月，柳公绰迁御史大夫，后改尚书中丞，白居易亲自制诏《除柳公绰御史中丞制》，对柳公绰的人品才能，尤其是其刚正不阿、清直之气予以肯定。这些文章，柳公权都拜读过，因此对白居易颇有好感。

二人在长安任职期间，也曾短暂接触，但一直没机会好好晤谈。此次柳公权来到苏州，白居易异常高兴，他本就对这位状元出身的柳家世子印象很好，再加上近些年来耳闻柳公权直言上书，目睹柳公权书法作品名扬天下，更是对他刮目相看。二人见面，相谈甚欢，并相约同游当地名胜齐云楼。

齐云楼，言其高与云齐，位于苏州子城上，唐曹恭王所建，为刺史府北门城楼。白居易有诗《齐云楼晚望偶题十韵兼呈冯侍御周殷》，云：

潦倒宦情尽，萧条芳岁阑。

欲辞南国去，重上北城看。

复叠江山壮，平铺井邑宽。

人稠过杨府，坊闹半长安。

插雾峰头没，穿霞日脚残。

水光红漾漾，树色绿漫漫。

约略留遗爱，殷勤念旧欢。

病抛官职易，老别友朋难。

九月全无热，西风亦未寒。

齐云楼北面，半日凭栏干。

　　白居易和柳公权携手揽腕，登上齐云楼，远眺苏州城外，远山如画，绿草如茵，碧空如洗，淡云如丝，不由让人一扫心中烦闷。

　　二人谈诗文论书画，可谓欣逢知音，也谈到朝中风气，又不由连连叹气。

　　柳公权说道："如今皇上喜欢游乐，不事朝政，反而由奸臣当道，宦官弄权。在下几次和同僚联名进谏，均没什么效果，可叹可叹。"

　　白居易接话："早有耳闻，我如今任职苏州，也算远离是非。"

　　柳公权摇头说道："刺史大人委屈了。"

　　白居易微笑摇头不语。

　　柳公权接着说："虽说在职应尽忠尽责，可真真让人灰心丧气，每到此时，也只有寄情于书法而已，至于朝廷是非曲直，不想再管了。"

　　白居易看了看柳公权，略一斟酌说道："诚悬家乡华原，在下当年曾作《华原磬》一首，念与起

白居易和柳公权携手挽腕，登上齐云楼，二人谈诗文论书画，可谓欣逢知音。

居指教。"

刚要背诵，柳公权接话背出：

华原磬，华原磬，古人不听今人听。

泗滨石，泗滨石，今人不击古人击。

今人古人何不同，用之舍之由乐工。

乐工虽在耳如壁，不分清浊即为聋。

梨园弟子调律吕，知有新声不如古。

古称浮磬出泗滨，立辨致死声感人。

宫悬一听华原石，君心遂忘封疆臣。

果然胡寇从燕起，武臣少肯封疆死。

始知乐与时政通，岂听铿锵而已矣。

磬襄入海去不归，长安市儿为乐师。

华原磬与泗滨石，清浊两声谁得知。

白居易哈哈大笑，说道："诚悬果然博闻强识，在下多年前拙作，居然也背得出来。"

柳公权也笑了，说："刺史大人过谦了，此诗我印象极深。"

白居易说："那你认为此诗如何？"

柳公权恭敬地答道:"自古以来泗水上游所产的灵璧石敲击声音悠扬,制作磬一般选用此石,称泗滨浮磬。直到我朝天宝年间,才被华原磬所替代。刺史此诗讽刺当时的乐工糊涂无知,使天子聆听靡靡之音,乱了心智,宠幸杨贵妃,忘了封赏驻守边疆的将士,才造成安史之乱。"

白居易点头道:"不错!不过你有没有反过来想一下,让皇上少听靡靡之音,多听圣贤之道,远奸亲忠,明智勤政,正是我等臣子的责任吗?如今的朝廷,更需要公正无私的谏臣啊!"

柳公权听罢,如醍醐灌顶,给白居易深深行了一礼。

白居易爽朗一笑,拉过柳公权,继续前行。

柳公权在苏州盘桓数日,与白居易相谈甚欢,但都有公事,最终分别。二人诗词唱和多首,流传至今的尚有白居易《和柳公权登齐云楼》:

楼外春晴百鸟鸣,楼中春酒美人倾。

路旁花日添衣色,云里天风散珮声。

向此高吟谁得意,偶来闲客独多情。

佳时莫起兴亡叹，游乐今逢四海清。

在苏州与白居易相处的这段短暂的日子，是柳公权终生难忘的记忆。白居易才华、气度，都给柳公权留下深刻印象。一生坎坷的白居易，在苏州政绩显著，民心所向，这段在苏州任职的时间也许是他最安心、快乐的时光。第二年，白居易就因眼疾返回洛阳，临行时，苏州百姓夹道啼哭相送，不舍白居易离去。刘禹锡有诗云："闻有白太守，抛官归旧溪。苏州十万户，尽作婴儿啼。"

柳公权闻知白居易因病回到洛阳，虽思念心切，却没有机遇相见。但白居易对他讲的话，却牢记于心。

再说敬宗皇帝，每日仍是饮宴游乐，还喜欢各种体育运动。敬宗喜欢看手搏，这是一种类似于自由搏击的运动，敬宗要求不能假打，如发现假打，就下令直接砍头。这些手搏力士每次比赛都历经生死，断胳膊断腿更是常有的事。有些人甚至颈骨折断，内脏破裂，性命不保。敬宗还喜欢打马球，不仅自己喜欢打马球，还要求禁军将士、三宫内人都参加。

宝历二年（826）六月，敬宗突发奇想，在宫中组织了一次盛会，先是命令左右神策军士卒、宫人、教坊等参加，并分成小组进行所谓的马球比赛。之所以叫"所谓"的马球比赛，是因为当时是骑着驴打的。此外还有其他项目，如摔跤、手搏、杂戏等，简直是在皇宫搞了一届运动会。

敬宗的另一个爱好是猎狐。大明宫西面和北面的广阔地域都是皇家的禁苑，是射猎的好地方，因为敬宗每次都是夜晚出猎，人们称之为"打夜狐"。就因为喜欢打猎，才出了事。

敬宗即位的第二年冬天，他又一次深夜猎狐归来，因收获颇丰，兴致勃勃地与宦官刘克明、田务澄、许文端，以及击球军将苏佐明、王嘉宪、石定宽等二十八人饮酒。酒过三巡，敬宗皇帝摇摇晃晃打算回内室更衣休息，突然寝宫中烛光熄灭……

一片漆黑之中，刘克明、苏佐明等宦官同谋，将唐敬宗杀死，唐敬宗时年十八岁，在位仅仅两年，是唐朝皇帝中享年最短的。

起居郎柳公权第二天黎明准备去上朝，发现皇宫内外戒备森严，一派肃杀的恐怖气氛。随后才得知昨夜宫廷内出了天大的事。乍听到皇上驾崩的噩耗，柳公权心里一惊，事发突然，在周遭一片混乱之时，柳公权呆呆地慢慢坐下，他心中除了诧异、痛楚、不理解之外，还有深深的惋惜和自责。

从理性来说，敬宗皇帝和他父亲一样贪玩无度，不理朝政，其悲剧是必然的，可从臣子角度想，敬宗皇帝毕竟年少无知，如果自己能多进谏劝劝皇帝，或许能挽救他。柳公权想，其实这位年轻的皇帝并不是个完全不听劝告的人，朝中大臣在劝谏时只顾慷慨陈词，表现自己的义正词严，忽略了皇帝的接受能力，可能也让年轻的皇帝产生了逆反心理。这样说来，臣子们难道没有责任吗？柳公权想起兄长柳公绰对自己说的话，想起白居易对自己说的话，痛彻心扉。

国不可一日无君，敬宗皇帝死了，自然要选新皇。杀死敬宗的苏佐明、刘克明等人假传圣旨，以宪宗之子绛王李悟继承帝位。敬宗有五子，尚幼，但继承帝位的竟然是穆宗的弟弟、敬宗的叔父，柳公权也感到莫名其妙。

可更让柳公权想不到的事还在后面，绛王李悟尚未继位，风云突变，枢密使王守澄一伙定策，发左右神策兵、飞龙兵迎穆宗第二子、敬宗弟、江王李涵入宫继位。刘克明投井自尽，绛王也在混乱中被人所害。随后，李涵即位，更名李昂，是为唐文宗。

目瞪口呆的柳公权看着这场闹剧终于平静下来，心想：我大唐连继承大统都如此儿戏了，但好在政局稳定下来了。

甘露寺惊变
集贤院深藏

唐文宗即位，朝臣对这位新君不甚了解，经历了这么多次变动，大家都对这位年仅十八岁的年轻皇帝持观望态度。没想到文宗皇帝刚刚登基，就发动改革，励精图治，放出宫女三千余人，释放五坊鹰犬，并省冗员。一系列表现让大家长出了一口气，穆宗、敬宗折腾了这么多年，终于有了一位贤明的皇帝。

尤为难得的是，文宗皇帝熟读诗书，重视人才，对书法艺术也很喜爱，特别是对柳公权的书法艺术很赞赏。大和二年（828）三月十日，五十一岁的起居郎柳公权被任命为司封员外郎，从六品上。

此时的柳公权，书法艺术日趋成熟，做官从政也颇有心得，又受到文宗赏识，加之朝政清明，他的心情也逐渐好了起来，一有闲暇便钻研书法艺术。

一日午后，柳公权小憩醒来，书房外轻风摇叶，鸟雀啾鸣，一缕阳光照进书房，洒在书案之上。柳公权心情愉悦，随手从书案上的各式碑帖中翻出王献之的《送梨帖》，用心揣摩。此帖虽读过多次，但仍觉其一笔一画，趣味无穷。

柳公权端坐书案前，看着阳光照射下的《送梨帖》，恍惚间记起小时候学书，父亲用刀剑摆出的"人"字，也记起母亲崔氏给他讲过的王献之练字用尽十八口大缸之水的故事。时光飞逝，如今自己年过半百，历经风雨，对父母当时的教导，终于有了深切的体会。又想到王献之学书和自己学艺的历程，其中甘苦一言难尽，感慨万千。

柳公权提起笔管，即兴题写《晋王献之送梨帖跋》：

"因太宗书卷首，见此两行十字，遂连此卷末，若珠还合浦，剑入延平，大和二年三月十日司封员外郎柳公权记。”

柳公权传世的墨迹作品，只有此四行跋书是确有来历的。除此之外，相传为柳书墨迹作品者，其真伪均有争议。

因文宗十分钦佩柳公权的书法艺术，大和二年五月二十一日，柳公权奉诏再入翰林院，充侍书学士，再一次担任皇帝的书法老师。也许是文宗皇帝觉得仅仅"侍书学士"一职委屈了柳公权，两日后，唐文宗赐紫于柳公权。

赐紫，是唐代制度，一般三品以上的官服为紫色，五品以上的官服为绯红色，官位不及但有大功，或为皇帝所宠爱者，特加赐紫或赐绯，以示尊崇。赐紫的同时赐金鱼袋，故亦称赐金紫。

柳公权以六品赐紫，足见文宗恩宠。在皇恩加持下，柳公权的书名更是广播天下。

七月，柳公权应承书写《涅槃和尚碑》，武翊黄撰文，立于洪州。同年，柳公权改任库部郎中。

大和三年（829）四月六日，柳公权书《李晟碑》（《唐故太尉兼中书令郡王赠太师李公神道碑铭》）并篆额，被后世视为柳公权书法代表作之一。碑主李晟，唐朝中期名将，左金吾卫大将军李钦之子，擅长骑射，勇武绝伦，跟随河西节度使王忠嗣征讨吐蕃，号称"万人敌"。兴元元年（784年），收复长安，平定朱泚之乱，拜司徒兼中书令，领凤翔、陇右、泾原三镇节度使、行营副元帅，册封西平郡王，世称李西平，可谓一时豪杰。

《李晟碑》撰文者裴度与李晟是好友，碑文感情真挚。柳公权体会裴度碑文情感，在书写《李晟碑》时，起笔多方，收笔多圆，方圆结合，自然随意。长笔瘦，短笔肥，竖笔挺，折笔劲，故显得轻重有致，变化多端。此作既筋骨强健，又血肉充实，法度精严，体现了柳公权独特的书法意境。

自《李晟碑》始，柳公权在书法的继承中又有新变。大和四年（830）四月，柳公权书《王播碑》，立于耀州，宰相李宗闵撰文。这个王播，正是柳公权当年联名弹劾不成的王播，柳公权能给王播书碑，一则公务所致，二则人已下世，还计较什么呢，足见柳公权性格宽厚。

大和五年（831）二月，柳公权书《将作监韦文恪墓志》，庾敬休撰文。

同年十二月，柳公权书《太清宫钟铭》，集贤殿学士冯宿撰文，立于京兆。

可见，在此期间，柳公权书写了一批传世作品，这也是柳公权书法艺术逐渐走向成熟的时期。

但几年过去了，柳公权仕途却一直没什么发展，虽然他本人对此并不在意，但长兄柳公绰却有些着急了，当时柳公绰任检校左仆射、北都留守、河东节度观察使、太原尹，是权倾一方的人物。想到弟弟柳公权文采人品均为上等，也已年过半百，不可再等了。这么多年，柳公绰没求过人，如今自己年事已高，对弟弟放心不下，于是提笔给宰相李宗闵写信。信中写道："家弟苦心辞艺，先朝以侍书见用，颇偕工祝，心实耻之，乞换一散秩。"意思是说，我的弟弟苦心钻研文章书法，先朝只任他为侍书这种职务，和占卜小吏没有什么区别，我也以此为耻，请给他调换一个闲散职位。柳公绰所谓的闲散职位，也不过是谦辞罢了。

宰相李宗闵收到信后，一方面与柳公绰交情不浅，另一方面也感觉柳公权确实有些大材小用，于是向文宗皇帝保举。大和五年七月十五日，五十四岁的柳公权又一次出了翰林院，升迁为右司郎中，又转为司封郎中、兵部郎中、弘文馆学士。

几个职位都是朝廷高级官员，特别是弘文馆的学士，也算是朝廷智囊，柳公权如鱼得水，有了施展非凡才学的平台。

柳公权仕途的转机，明面上看是柳公绰和李宗闵的提携，说到底还是文宗皇帝的赏识。

就在柳公权仕途有所起色之际，柳公绰病了。大和六年（832）初，柳公绰因过度劳累，身患疾病，自河东还长安。这年三月，皇帝仍授其为兵部尚书，但可以不上朝行参见礼。无奈柳公绰病情越来越严重，终因病重不治，于四月三日，卒于长安升平坊家中。赠太子太保，谥曰成，享年六十八岁。

柳公绰文韬武略，人才难得，一生两任京兆尹，五任节度使，三任御史大夫，三任尚书，离宰相之位也只是一步之遥。

柳公绰的病故，是对柳公权的沉重打击。两兄弟自幼感情深厚，柳公绰比柳公权年长十三岁，从小对柳公权关爱有加。柳公权成长的每一步都有柳公绰的教导，尤其父母去世之后，柳公绰兼有兄长和"父亲"的双重身份。兄长的去世，对柳公权来说相当于失去了精神支柱。

大和八年（834），柳公权任兵部郎中、弘文馆学士，但喜好书法的唐文宗思念柳公权，又下旨令柳公权充翰林侍书学士，升任谏议大夫，后改中书舍人，仍充翰林书诏学士。这是柳公权人生中第三次入翰林院充侍书学士，给皇帝当书法老师，只是今非昔比，文宗对柳公权恩宠有加，每日散朝，柳公权不离左右。

这年夏日的一天，文宗与群臣处理完朝政，但见窗外骄阳似火，大明宫虽有绿水环绕，可在烈日下水气蒸腾，远山近草，一片氤氲，恰如仙境一般。

文宗皇帝看着眼前景象，又想到大唐国泰民安，君明臣贤，一时兴起，吟出一句诗来：

人皆苦炎热，我爱夏日长。

虽有一句，但一时想不出合适的下句，便请群臣联句。殿内群臣纷纷献对，虽然大都工整，但缺乏意境，文宗皇帝均不甚满意，于是他扭过头看柳公权，问道："卿家可有下句？"

柳公权饱读诗书，心想：皇上的这句"人皆苦炎热，我爱夏日长"脱化自白居易《观刈麦》中"力尽不知热，但惜夏日长"，巧妙借鉴，不失为好句。至于如何对句，他想到韦应物的《夏日》："已谓心苦伤，如何日方永。无人不昼寝，独坐山中静。"还有杜甫《夏夜叹》中的"仲夏苦夜短，开轩纳微凉"。均是佳对。想罢，柳公权不慌不忙道：

熏风自南来，殿阁生微凉。

文宗听罢，终于会心一笑，称赞道："辞清意足，不可多得！"

柳公权巧妙延伸，皇上说人人都很讨厌夏日的炎热，但是我却很喜欢。柳公权顺着词义，说夏天虽然很热，但南风穿过树丛吹来，使宽阔的宫殿也一下子变得清凉，这种惬意和清爽只有在夏天才能体会得到。全诗既描述现实场景，又表达了一种乐天知命的怡人自得，同时暗示文宗皇帝的不同常人。

文宗皇帝高兴，下旨让柳公权将这首诗题写在墙壁上，众人对诗文和书法都交口称赞。文宗也连连点头，赞叹道："即便钟繇、王羲之再生，也不过如此啊！"

柳公权连忙谦逊地说："皇上过誉了，臣实在不敢与前贤比较，惭愧，惭愧。"

又有一次，文宗自延英殿下来，传旨独召柳公权入宫。

柳公权进宫后，发现文宗面露不悦之色，正纳闷间，文宗皇帝开口说话："今天遇到一件奇怪的事。"

柳公权问道："什么事让皇上感到奇怪呢？"

文宗皱着眉说："杨嗣复、李珏跟我说张讽是一个奇才，请我封他一个我身边的官职，让他来辅佐我。而郑覃、陈夷行等人又说张讽是奸邪之人，应该把他派得远远的。大家说的完全不同，这叫我怎么办是好？"

人皆苦炎热
我爱夏日长
薰风自南来
殿阁生微凉

文宗皇帝高兴，下旨让柳公权将这首诗题写在墙壁上，众人对诗文和书法都交口称赞。

柳公权听罢，回奏说："允执厥中。"

文宗不解，问道："什么是允执厥中？"

柳公权解释道："允执厥中，意思是指言行不偏不倚，符合中正之道，语出《尚书》：'人心惟危，道心惟微，惟精惟一，允执厥中。'"

文宗说："愿闻其详。"

柳公权奏道："杨嗣复、李珏既然说张讽是一个奇才，那就不应该把他赶得远远的，郑覃、陈夷行等人又说张讽是奸邪之人，那就不应该安排在身边，综合而看，不如在荆襄之地做一郡守，这就近乎'允执厥中'。"

文宗斟酌一番，说："容朕再想想吧。"

过了几天，文宗又召柳公权入宫，说："允执厥中，就按你的意思办吧。"于是张讽做了郡守。

在唐文宗眼中，柳公权人品端正，勤政清廉，饱读诗书，才思过人，不但书艺绝伦，又兼懂音律，实在是难得的人才，此后愈发倚重柳公权，常常召他入宫，谈诗论书，商量政事。二人亲密到可以免去君臣之间的部分规矩，如同一对师生、知己。柳公权常秉烛达旦回答文宗的提问，常常是蜡烛烧完了，而二人谈兴正浓，不肯花工夫去取蜡烛，宫中婢女便用蜡油揉纸点燃来照明。

柳公权本以为终于迎来一位明君，大唐政局稳定，国泰民安，天下太平了，没想到一场血雨腥风即将到来。

唐代宦官权势极大，而文宗皇帝向来不满宦官专权，尤其前几任皇帝生死都由宦官把控，这让文宗有了夺权之心。大臣李训、郑注知道文宗的心思后，便与文宗密谋诛灭宦官。而李、郑二人入朝为官是由宦官王守澄引荐的，所以宦官们没有怀疑文宗经常密会二人的动机。

计划一步一步实施，大和九年（835），文宗以李训之谋，杖杀曾参与杀害唐宪宗的宦官陈弘志，不久又借机赐死王守澄。彻底胜利的希望越来越大了，下一个目标，就是当时的宦官首领仇士良。当时左右神策军均归宦官指挥，想除掉仇士良并不容易。几番谋划，文宗皇帝与李、郑二人终于定下计策。

大和九年九月李训升为宰相，郑注任凤翔节度使。郑注和李训商议，待郑注到凤翔上任后，挑选几百名壮士，每人怀揣利斧，作为亲兵。二人约定，十一月二十七日，朝廷在河旁埋葬王守澄时，由郑注带亲兵随从前往护卫，同时奏请文宗，命神策军护军中尉以下所有宦官都到河旁为王守澄送葬。届时，郑注将下令关闭墓门，命亲兵用利斧将宦官全部诛杀。

这个计划本来已经很周密，但是李训和郑注二人争功。李训和他的同党密谋："如果这个计划成功，那么诛除宦官的功劳就全是郑注的了，不如先于郑注一步动手，在京城诛除宦官，随后，再把郑注除掉。"于是，李训和邠宁节度使郭行余、河东节度使王璠、左金吾卫大将军韩约、京兆少尹罗立言、御史中丞李孝本，以及宰相舒元舆等人密谋，另设一计，提前动手，其他朝廷百官一概不知。

十一月二十一日，唐文宗在紫宸殿与百官议事，左金吾卫大将军韩约奏称："左金吾衙门后院的石榴树上，昨晚发现有甘露降临，这是祥瑞的征兆。"说罢下拜称贺。

宰相李训借机也率领百官向唐文宗祝贺。李训说："此乃吉兆，皇上应该亲自前往观看，随后昭告天下。"

唐文宗应允。

随后，文宗下旨百官列班于含元殿。辰时刚过，唐文宗到含元殿升朝，正准备率文武百官前去观赏甘露，李训上奏说："请让臣等先去查明情况，皇上再率百官前往。"

文宗便命宰相李训和中书、门下两省官员到左金吾后院察看甘露。等了半天，李训等人终于回来了。

文宗问："果真有甘露？"

李训奏报说："我们去检查过了，不像是真正的甘露。"

唐文宗惊讶地说："还有这种事！"随即命左、右神策军护军中尉仇士良、鱼弘志率领诸位宦官再次前往左金吾后院察看。

宦官走后，李训急忙召集郭行余、王璠，说："快来接陛下的圣旨！"王璠紧张得两腿发抖，不敢前去，只有郭行余一人拜倒在含元殿下接旨。

再说仇士良率领宦官到左金吾后院去察看甘露，左金吾卫大将军韩约一同前往。韩约是计谋参与者，但此时却紧张得浑身流汗，脸色十分难看。

仇士良觉得很奇怪，问："韩将军，你面色异常，满面流汗，是身体不舒服吗？"

韩约支支吾吾，不知道说什么好。仇士良心中正疑惑间，也是机缘巧合，忽然一阵怪风把院中的帐幕吹起，露出藏在后面手执兵器的兵丁。仇士良等人大惊，连忙转身急奔含元殿，向唐文宗报告发生兵变。李训急呼金吾士卒："快上殿保护皇上，每人赏钱百贯！"众宦官随即挽扶文宗上了软轿，向北急奔而去，这时，金吾兵已经登上含元殿。

同时，罗立言率领京兆府负责巡逻任务的士卒三百多人从东边冲来，李孝本率领御史台随从二百多人从西边冲来，一齐登上含元殿，击杀宦官。宦官血流如注，死伤十几人。正在含元殿上朝的百官都大吃一惊，四散而走。唐文宗的软轿进入宣政门后，大门随即关上，宦官都大呼万岁。李训见唐文宗已入后宫，知道大事不好，换上随从官吏的绿色官服，骑马而逃。

宰相王涯、贾𫗧、舒元舆回到政事堂，商议道："陛下过一会儿就会开延英殿，召集我们商议朝政。"中书、门下两省的官员来问王涯三人，到底发生了什么事？三人都说："我们也不知怎么回事，诸位自便吧！"大家还不知道杀身之祸即将到来。

仇士良等宦官知道唐文宗参与了李训的密谋，十分愤恨，在唐文宗面前出语不逊。唐文宗羞愧惧怕，不再作声。随后，仇士良等人疯狂报复，命令左、右神策军副使刘泰伦、魏仲卿等各率禁兵五百人，持刀露刃从紫宸殿冲出讨伐贼党。王涯等宰相在政事堂正要吃饭，忽然有官吏报告说："有一大群士兵从宫中冲出，逢人就杀！"王涯等人狼狈逃奔。中书、门下两省官吏和金吾卫的士卒一千多人争着向门外逃跑。不一会儿，大门被关上，尚未逃出的六百多人全被杀死。仇士良下令分兵关闭各个宫门，搜查各司衙门，逮捕贼党。这时，京城的恶少年也乘机报平日的私仇，随意杀人，剽掠商人和百姓的财物，甚至相互攻打，以致尘埃四起，漫天蔽日。各司的官吏和担负警卫的士卒，以及百姓、商人一千多人全部被杀，尸体狼藉，流血遍地。仇士良等人又命左、右神策军各出动骑兵一千多人出城追击逃亡的贼党，同时派兵在京城大搜捕。舒元舆、王涯、王璠、罗立言等人陆续被抓，王涯在逼迫之下，违心地承认和李训一起谋反，企图拥立郑注为皇帝。李训在去投靠郑注的途中被砍了首级，而郑注也被人设计杀死，有一千余人受牵连被杀。

二十三日，宫廷解禁，百官开始上朝。柳公权等人来到宫门前，发现居然有神策军一一盘查，检查合格后才得以通过。来到大殿，只见文宗皇帝端坐龙书案，但面如土色，眼光无神。百官行礼后，仇士良当即上奏："陛下，王涯、郑注、李训等人谋反，现已缉捕归案，请陛下发落。"

文宗皇帝不语。

仇士良说："郑注、李训已伏法，王涯当斩！"

文宗不语。

仇士良上前一步，说道："王涯当斩！"

文宗长叹一声，点了点头。

仇士良接着说："其同党均应诛杀示众，以儆效尤！"言毕回头环视百官，目光阴森，百官皆低头不语。

文宗皇帝闭上双目，再次点了点头。

随后神策军以李训的首级引导王涯、王璠、贾𩛿、罗立言、郭行余、舒元舆和李孝本等人囚车，在东、西两市游街，最后当众腰斩，首级挂在兴安门外示众。

"甘露寺之变"就这样结束了，其株连之广，流血之多，实属罕见，此后很长一段时期，中书省、门下省官员入朝都会与家人辞别，因为说不定何时就会被杀。

柳公权随众位大臣一起经此变故，也是惊出一身冷汗，虽然最终未受牵连，可目睹长安城刀光剑影、血流成河，真是痛心疾首。更为文宗皇帝感到可惜：宦官当道，干扰朝政，残杀大臣，甚至弑君立君，真是纲常沦丧。文宗皇帝励精图治，企图从宦官手中夺权，此番失败，恐怕再无机会，柳公权对此忧心忡忡。

甘露寺之变以后，仇士良等见文宗失去膀臂，便将文宗软禁，此后朝廷大事更由宦官专权，朝臣宰相只是行文书之职而已。本来踌躇满志的文宗皇帝从此郁郁寡欢。消沉的唐文宗开始读起了《易经》，也许是想在易经的哲学世界里寻找精神寄托吧，每有不懂，便召见侍书学士柳公权、侍讲学士王起、许康佐入宫讨论。人称三人为"三侍学士"。柳公权无力改变时局，只好常与文宗交流诗文书艺，以慰圣心。

甘露寺之变次年，改年号为开成元年（836），文宗仍在皇位。

四月，柳公权书《回元观钟楼铭》，五十八岁的柳公权历经风雨变故，心态沉稳了许多。这篇碑铭用笔重骨力，以方笔为主，辅以圆笔，劲利清健。

十一月，柳公权书《王智兴碑》。裴度撰文，丁居晦篆额，立于洛阳。

一转眼几年过去了，有一天，柳公权来到宫内，发现文宗皇帝精神较好，面露喜色，甚至提出要去大明宫后花园游玩。自甘露寺之变后，文宗皇帝郁郁寡欢，难得有兴致游玩，众人连忙准备，柳公权陪同文宗一起来到花园。虽是初春，花园内绿意盎然，文宗皇帝兴致很高，走走停停，终于忍不住回头跟柳公权说：

"柳爱卿，有一件事真是让我高兴。"

"何事让皇上如此高兴？"柳公权忙问道。

文宗笑着说："以前朝廷赐给戍边官兵的军衣，常常不能及时下发，但今年才二月里，就已经把春衣发放到位了，你说是不是值得高兴啊？"

柳公权一听，这果然是件好事，同时也感觉到文宗皇帝虽然大权旁落，但仍然关心边关士兵、关心朝政，实在难得。想到此处，柳公权连忙向皇帝道喜，文宗皇帝笑着点头，看着春花绿草，愁眉得展，喜气洋洋。

兴致勃勃间，文宗偶然心动，转头对柳公权说："柳爱卿，既然祝贺，何不赋诗一首啊？"

柳公权听文宗这么说，自然不可推辞，旁边宫娥彩女也都知道柳公权文采出众，笑着等待。

柳公权拈须踱步，略一思索，随即朗声吟诵：

> 去岁虽无战，今年来得归。
>
> 皇恩何以报，春日得春衣。
>
> 挟纩非真纩，分衣是假衣。
>
> 从今貔武士，不惮戍金微。

文宗听罢，连称绝妙！旁边宫娥彩女也都轻笑点头，大家也听出了柳公权赞扬文宗之意。本来给戍边官兵发春衣是平常事，但皇帝挂念于心，便显得皇恩浩荡。此诗同时也表现了戍边官兵的虎狼之躯，报国之心。

文宗皇帝自己轻诵了几遍，不无感慨地说道："想当年曹子建七步成诗，被称为神童，现如今柳爱卿三步成诗，真乃奇才也！"

唐文宗开成三年（838），柳公权转工部侍郎，累迁翰林学士承旨。

翰林学士承旨作为翰林学士的首领，不是单纯起草诏令，而是在禁中职掌机密，是唐朝实际上的宰相，被称为内相，地位举足轻重。

有一天，文宗与几位大臣议事，当说到汉文帝很注意俭朴的时候，文宗举起自己的衣袖让大家看，并说："这件衣裳已经洗过三次了，到现在我还穿着。"

在座的大臣听了，纷纷奉承说："陛下，您的俭朴已经胜过了英名一世的汉文帝，我等当效仿，厉行节俭。"众人附和中，唯独柳公权在一旁一言不发。

等众人退下后，文宗问柳公权："柳爱卿方才为何不说话？"

柳公权正色说道："作为君主，应该关注如何任用贤良，远离奸佞，这才是大节，至于穿洗过的衣服，那只不过是小节，无足轻重。"

当时大学士周墀也在场，听了他的言论，吓得浑身发抖，担心文宗降罪，但柳公权却面无惧色。

文宗听了柳公权的话，先是吃了一惊，脸色很难看，过了一会儿，文宗叹道："爱卿所言甚是。"

文宗想了想说："你已经是中书舍人、学士承旨了，按理说让你做谏议大夫就相当于降职了，可是爱卿正直敢言，有诤臣的风骨，所以我请你再兼任谏议大夫，好让你能够常常提醒我。"

第二天，文宗下旨，柳公权兼任谏议大夫、知制诰、承旨学士。

有一天，文宗召柳公权议事，问道："近来外边有什么议论吗？"

柳公权郑重地回答说："自从郭旼被任为邠宁节度使，人们就议论纷纷，褒贬不一。"

文宗听了，不太高兴地说："郭旼是郭子仪的侄子，太皇太后的叔父，在职也没有过错，从金吾大将升任小小的邠宁节度使，这还有什么值得议论的呢？"

柳公权放缓语气，解释道："人们议论的不是郭旼的功绩和品德，而是其他事情。"

文宗纳闷："什么事？"

柳公权反问道："人们都说是郭旼把两个女儿送入宫中，因此才升了官，这是真的吗？"

文宗连忙解释道："郭旼的两个女儿进宫，是来看望太后的，并不是他进献女儿给朕的啊，这分明是信口胡言！"

柳公权点了点头，改容说道："陛下，常言道，瓜田不纳履，李下不整冠，既无此事，何必惹人猜疑呢？"

文宗听柳公权这么一说，觉得很有谊理，当即派内使把二女送回郭旼家。

柳公权六十岁以前政治上不得意，六十岁后"恩宠日增"，本来是凭字得到皇帝赏识，现在又字随人贵，"柳体字"更加出名了。

唐文宗开成二年（837），六十岁的柳公权先后书《冯宿碑》《阴符经序》《罗公碑》《柳尊师志》等。

　　唐文宗开成三年，柳公权书《崔穑碑》（《检校金部郎中崔穑碑》）、《韦元素碑》（《淮南监军韦元素碑》）等。

　　唐文宗开成四年（839），柳公权书《元锡碑》（《淄王傅元锡碑》）、《李有裕碑》（《卫尉卿李有裕碑》）、《宪宗女庄淑大长公主碑》、《山南西道新修驿路记》等。还应刘禹锡所请，书写了那篇有名的《陋室铭》，立于刘禹锡府门外。

　　文宗皇帝常年郁郁寡欢，身体逐渐不好，在立太子一事上又不太顺利。他有两个儿子，但文宗认为都不合适，最初看中了自己的侄子、唐敬宗的大儿子晋王李普，认为他能成大事，将他视若己出，欲立为太子，没想到李普却早早死了。后来立长子李永为太子，请了很多老师教育他，但后宫争斗，杨贤妃多次在文宗面前诋毁李永，文宗皇帝险些废掉太子，在众臣争辩中，才没有下诏。太子李永受了这场莫名其妙的打击，心中郁闷，又没处诉苦，在当年就去世了。太子一死，文宗皇帝十分内疚，但也于事无补。

有一次，在宴会上，有一个小孩表演爬竿子的杂技，竿下一个男人来回转动，文宗纳闷，便问宫人，那个男子是谁，因何在杆下走动？宫人回答，那人是小孩的父亲，害怕小孩失手摔下，因此在杆下保护。

文宗一听，触动心事，当即泪如雨下，哭着说："我贵为天子，却不能像一个百姓一样保全自己的儿子。"马上将当初诋毁太子的坊工刘楚才等人杀掉，以慰儿子在天之灵。

此后，文宗感伤不已，病情逐渐加重。

一日，唐文宗病情稍有好转，在思政殿召见翰林院柳公权和周墀。待二人进殿，发现文宗早已备下酒宴。文宗说："二位爱卿，陪我喝酒吧。"

柳公权与周墀对视一眼，落座陪文宗饮酒，二人频频敬酒，可文宗皇帝兴致不高。忽然，文宗皇帝抬头问道："两位卿家，你们说，朕可以和前代哪些帝王相比啊？"

周墀回答说："陛下可比尧舜。"

一轮明月悬空，惨白的月光照在院内积雪之上，一阵寒风袭来，吹乱了柳公权的满头白发。

文宗苦笑道："朕岂敢和尧、舜相比！我是想问，依卿家所见，朕是否能赶上周赧王和汉献帝？"

周墀大惊，说："周赧王和汉献帝乃亡国之君，怎么比得上陛下圣明。"

文宗缓缓摇了摇头，轻声说："周赧王、汉献帝不过受制于各地强大的诸侯，如今朕受制于宦官家奴，如此说来，我实在还不如他们！"文宗说完掩面哭泣不止。

柳公权、周墀二人也拜伏在地，流泪不已……

从此以后，文宗不再上朝。

开成五年（840）正月初四，唐文宗驾崩，享年三十一岁。

正月十四日，文宗的尸体正式入棺大殓。柳公权与百官共同参与大礼。礼成返回寓所，柳公权心情久久不能平静。当夜柳公权辗转反侧，不能入睡，索性披衣起身，打开房门来到院中。一轮明月悬空，惨白的月光照在院内积雪之上，一阵寒风袭来，吹乱了柳公权的满头白发。柳公权掩了掩衣服，抬头望月，许久，两行浊泪流到腮边。

翰墨千秋在
风骨万年长

　　文宗病重期间，因其早年立的太子尚年幼，宦官仇士良、鱼弘志假传圣旨，拥立文宗弟弟颍王李瀍为皇太弟。文宗死后，颍王李瀍改名李炎正式登基，是为唐武宗。

　　武宗即位后，不知是因为"一朝天子一朝臣"，还是仇士良等痛恨文宗宠臣的缘故，柳公权被罢免翰林学士，任右散骑常侍，离开了翰林院。

　　唐武宗会昌二年（842），宰相崔珙举荐柳公权，任集贤院学士、判院事。集贤院，全称集贤殿御书院，是盛唐出现的一个图书文化机构。柳公权主要掌管刊辑经籍，同时协助知院事、副知院事管理院务。

总的来说，柳公权成为闲人了。换成别人可能感到苦闷，可此时的柳公权经历过这么多变故，对这些早已看淡了。柳公权向皇上呈了那份流传后世的《年衰帖》，曰：

公权年衰才劣，昨蒙恩放出翰林，守以闲冷，亲情嘱托，谁肯响应，惟深察。公权敬白。

此帖笔势往来，如用铁丝纠缠，诚得古人笔意。

集贤院的清幽环境和工作内容，反而让人更加超脱和自由，更适合柳公权现在的心境，干脆专心研究书法吧。

唐武宗会昌元年（841）十二月，柳公权书《玄秘塔碑》，全称《唐故左街僧录内供奉三教谈论引驾大德安国寺上座赐紫大达法师玄秘塔碑铭并序》，裴休撰文，柳公权书并篆额，立于京兆，现存西安碑林博物馆。

此碑遒劲有力，气势恢弘，字体学颜出欧，别构新意。《玄秘塔碑》为柳公权书法成熟期的代表作之一，广为流传。

唐武宗会昌二年，柳公权书《罗让碑》（《赠礼部尚书罗让碑》）、《苻璘碑》（《义阳郡王苻璘碑》）。同年，书《李听碑》（《太子太保李听碑》）。碑主李听，正是那个曾经召唤校书郎柳公权北上夏州充当判官的李听。当年李听对柳公权关照有加，如今故人仙逝，轮到自己给李听书写碑文，柳公权也是百感交集。

唐武宗会昌三年（843），柳公权奉旨书《神策军碑》，全称《皇帝巡幸左神策军纪圣德碑》，翰林学士承旨崔铉撰文，立于皇宫禁地。

唐朝自德宗之后，宦官掌管禁军神策军，专权局面逐渐形成。武宗皇帝是宦官仇士良所立，武宗巡视左神策军，其用意在于向宦官示好。仇士良也正好顺从圣意，请求建立颂圣德碑以回应，神策军碑因此而立。

柳公权此碑端庄森严，苍劲精练，结构严整，充分体现了柳体楷书骨骼开张、平稳匀称的特点。其点画遒劲而富于变化，笔力凝练内含，骨力洞达，结体内敛外放，气脉贯通，超尘脱俗。很多人认为《神策军碑》是柳公权一生中最杰出的作品，其晚年之作无出其右者。

会昌三年（843），柳公权再书《金刚经》，又称《注金刚经》，立于京兆。会昌四年（844）十月，柳公权书《高重碑》，会昌五年，柳公权书《李载义碑》。这几年，是柳公权书碑的一个高峰期。

会昌四年，柳公权任太子詹事。

再说这位武宗皇帝，刚登基时，他也和几位先帝一样喜欢打猎、踢球、骑射等。一次，武宗到兴庆宫去看望祖母郭太后，问怎样才能做个好皇帝，郭太后劝武宗虚心听取百官的谏言。武宗听进去了，回宫后把百官的上疏拿出来阅览，发现大多劝谏自己不要沉湎于游乐打猎，从此武宗外出打猎逐渐减少。对于武宗的变化，满朝文武也都看在眼里，柳公权对武宗的看法也有了些变化。

有一天，柳公权在内廷，看见唐武宗正对一个宫嫔发怒。恰好看到柳公权，唐武宗就对柳公权说："柳卿家，若能得卿家一首诗，我就原谅她了。"

柳公权听罢哭笑不得，心想这是什么道理嘛，但皇帝既然这么说了，也不好违抗，伫立稍加思索，口占一绝：

> 不分前时忤主恩，已甘寂寞守长门。
>
> 今朝却得君王顾，重入椒房拭泪痕。

众人皆称妙。武宗看到桌上有蜀产笺纸，便对柳公权说："卿家不妨将诗写下。"

柳公权依言提笔将诗书于纸上，呈给武宗，武宗接过观看，诗句巧妙，书法绝伦，心情大好，于是守诺宽恕了那个宫嫔，命宫嫔上前谢过柳公权。不但如此，还赏赐柳公权二百匹锦彩。经此事后，武宗对柳公权也很赞赏。

武宗皇帝性情深沉而刚毅，颇有城府，杀伐果断。其在位期间，曾有一场浩大的灭佛运动。唐代崇佛，佛教寺院土地不交税，僧侣免赋役，以致佛教寺院经济过分扩张，损害了国库收入。会昌五年（845）三月，武宗敕令不许天下寺院建置庄园，又令勘检所有寺院及其所属僧尼、奴婢、财产之数，为彻底灭佛做好准备。同年四月，即在全国范围内展开全面毁佛运动。僧尼不论有牒无牒，皆令还俗。一切寺庙全部摧毁，所有废寺的铜像、钟磬悉交盐铁使销熔铸钱，铁交本州铸为农具。据统计，当时所拆寺庙四千六百余所，还俗僧尼二十六万五百人，拆招提、兰若四万余所，收膏腴上田数千万顷，产生了较大影响。

会昌六年（846）三月二十三日，唐武宗李炎因服用方士金丹，久病不愈而卒，年三十三岁。

武宗病危时，宦官们开始选接班人。武宗的五个儿子年纪尚小，无法辅立，于是马元贽等矫诏，立宪宗第十二子光王李忱为皇太叔。李忱是宪宗之子，是穆宗的弟弟，而且是敬宗、文宗、武宗三个皇帝的叔叔，武宗在位时，对这个皇叔不放心，将其囚于宫厕里。宦官仇公武把他从宫厕中偷偷带出宫去，藏了起来。武宗死后，李忱即位，是为宣宗，年三十八，改年号大中。

宦官们之所以选择李忱，是因为觉得他好控制。李忱自小反应迟钝，不怎么说话，还经常莫名其妙走路摔倒，宫中人都认为他有点傻。可等到宣宗登基之后，大家却发现这个皇帝处理政事有条有理，原来大家都被他的韬光养晦给蒙蔽了，多年装傻不过是一种自我保护的手段罢了。

宣宗登基后，首先一改武宗时期的政策，比如反对灭佛运动，下旨修复佛寺，如有僧人可以自行修复佛寺，则可以担任住持，旁人不得禁止。人事任免上，任用白敏中为相，李德裕一党尽数贬黜，结束了长达四十年的"牛李党争"。

宣宗皇帝自打登基，励精图治，勤于政事，孜孜求治。在位期间，对内整顿吏治，限制宗室和宦官，对外击败吐蕃、收复河湟，安定塞北、平定安南，开创了新的政治局面。他在位时，国家相对安定繁荣，历史上把这一时期称为"大中之治"，直至唐朝灭亡，百姓仍思咏不已，称李忱为"小太宗"。

此时，柳公权的职位也由太子詹事改为太子宾客，为太子东宫属官，掌调护、侍从、规谏等。一年后，柳公权转太子太师，从一品，官职与太子太傅、太子太保并称为东宫三师，多为虚衔无实职。

宣宗皇帝还是比较赏识柳公权的。登基不久，宣宗便召柳公权上殿。君臣相见，柳公权见宣宗言谈话语，一点也看不出先前传言的"不慧"的样子，反而老成有礼，颇有皇帝气度。

宣宗说："柳爱卿，朕自幼喜爱书法，练习过程中也曾见过爱卿书写的文章碑帖，心下十分钦佩。爱卿历任几朝侍书学士，可谓劳苦功高，如今朕能当面向爱卿请教，真乃幸事。"

柳公权不慌不忙地谢过皇上，心中暗想：我历经几朝皇上，大多附庸风雅，嘴上说喜欢书法、喜欢读书，可最后也不过是装装样子罢了，不知这个新皇上是否也是如此。

只听宣宗继续说："爱卿，可否殿上手书几字？"

柳公权自然允诺。

宣宗大喜，命军容使西门季玄替他捧砚台，枢密使崔巨源替他展纸，宣宗皇帝则亲自取出一支笔让人转交给柳公权。

柳公权见这场面，颇有玄宗皇帝见李人白时，贵妃捧研、力士脱靴的架势，于是恭恭敬敬地提笔轻转，刷刷点点，连写了三幅字。第一幅写的是正楷："卫夫人传笔法于王右宰"。说的是东晋汝阴太守李矩之妻卫铄，人称卫夫人，工书法，师钟繇，

柳公权恭恭敬敬地提笔轻转，刷刷点点，连写了三幅字。

传言一代书圣王羲之曾跟她学习书法的故事。

接着，第二幅则用行书："永禅师真草千字文得家法"。意思是王羲之的第七代孙智永禅师，曾用家传的真草书写《千字文》，名声大震。

第三幅字又转为草书："谓语助者焉哉乎也"。语出《千字文》。

转眼间，楷、行、草，三种书体完成，一齐呈给宣宗皇帝。

宣宗一一仔细看罢，连连赞誉，当场下旨赏赐柳公权锦缎及瓶盘银器。可能是还没看过瘾，命柳公权回去亲自书写答谢表，来日呈上。

几日后，柳公权依旨书写了一篇谢表呈给宣宗。宣宗阅后，如获至宝，放置于榻旁，每日得暇便取过欣赏。

此后，柳公权书法更是名声大噪。

唐宣宗大中元年（847）正月，柳公权仕太于东宫书《商於驿路记》，又称《商於新驿路记》《新修驿路记》，韦琮撰文，李商隐篆额，立于商州。

四月，柳公权书《王起碑》。此碑又名《山南西道节度使王起碑》，李回撰文，立于关中平原中部的三原。

同年，书《苏氏墓志》，又名《李公夫人武功苏氏墓志》，立于京兆。

同年，书《太仓箴》，立于京兆，李商隐撰文。

此时，柳公权已经七十岁高龄了，按例官员七十岁致仕，即退休。而柳公权破例未能退休，反而由太子宾客转为太子少师，从一品。柳公权不但寿高古稀，而且七十岁任太子少师，这两件事在当时都足够令人艳羡。

柳公权活了这么大岁数，经历了这么多风雨人事，早已对名利看淡了，时常想回到华原故土，回到父母、兄长墓前，度过余生也就罢了。

唐宣宗大中二年（848），柳公权为左散骑常侍，又封河东郡公。入则规谏过失，出则骑马散从。

七十岁以后，柳公权的书艺还在探索、变化。

十月，书《刘沔碑》，又称《司徒刘沔神道碑》。韦博撰文，唐元度篆额。字体偏小，但书体劲秀淡雅。此碑与其相近风格者如《苻璘碑》《魏公先庙》《冯宿碑》均有"敛才就范，终归淡雅"

之风范，却不失刚强之态。

唐宣宗大中三年（849）五月十九日，柳公权书《牛僧孺碑》。此碑又称《赠太尉牛僧孺碑》，李钰撰文，柳公权正书并篆额，立于万年县。同时，柳公权又书《牛僧孺志》，杜牧撰文。

大中六年（852）二月二十三日，柳公权书《韦正贯碑》，又称《岭南节度韦正贯碑》《岭南节度使韦公神道碑》，萧邺撰文，立于万年县。

同年，柳公权撰文、正书并篆额《刘荣璨碑》，又称《掖庭局令刘荣璨碑》。

同年，柳公权书《魏谟先庙碑》，崔屿撰文，立于长安县昌东里。

同年十一月十日，柳公权书《高元裕碑》，萧邺撰文，立于洛阳。

书《康约言碑》，又称《河东监军康约言碑》，立于万年县。

书《起居郎刘君碑》，刘三复撰文，立于徐州。

大中七年（853），柳公权书《观音院记》，又称《护国寺观音院记》，段成式撰文，立于万年县。

此时的柳公权，越来越喜欢佛教。他曾多次书写《金刚经》，现在又书《观音院记》。世事纷扰，只有在书法世界柳公权才能得到内心的宁静，而书写经文，则更能让人心安神静，心境平和。

唐宣宗大中八年（854），柳公权为左散骑常侍，太子少傅，正二品。

柳公权书《崔从碑》，又称《淮南节度使崔从碑》，蒋伸撰文，立于寿安寺。

唐宣宗大中九年（855），柳公权撰并书《濮阳长公主碑》，又称《顺宗女濮阳大长公主碑》，立于万年县。

大中十一年（857），距李邕写《复东林寺碑》一百二十六年后，庐山东林寺再次大修，又请柳公权书《复东林寺碑》，这次撰写碑文的是江州刺史崔黯。

柳公权书名在当时已达顶峰，当时的庙宇或公卿大臣家立碑，都以请柳公权书写为荣。

唐宣宗大中十二年（858），八十岁的柳公权时任工部尚书、太子少师。当时，人的平均寿命不高，能寿高八十已属罕见。更难得的是柳公权八十岁仍耳聪目明，头脑清晰，不但能书善写，还时常接受宣宗召唤，上朝议事，殊为难得。

但是，到底还是出事了。

大中十二年正月初一，宣宗皇帝按例在大明宫含元殿接受百官朝贺。八十岁的柳公权率文武百官向皇上称颂祝贺。

含元殿为三出阙宫殿结构，殿堂坐于三重高台上。台基高十五米，东西长七十七米，南北宽四十三米。殿前方左右两侧，建有翔鸾阁和栖凤阁，殿下有倚靠台壁盘旋而上的长达七十五米的龙尾道。柳公权起了个大早来朝会，又沿着长长的龙尾道一步一步走上含元殿。毕竟年纪大了，柳公权走上去已经有些吃不消，但还是支撑着和百官一起向皇上叩拜、朝贺。然后就是为皇帝上尊号，这是柳公权的职责，本要为宣宗上尊号"圣敬文思和武光孝皇帝"，但不知道是体力不支还是一时口误，柳公权把"和武光孝"说成"光武和孝"。当柳公权说完，很多人都听出来了，引起一阵骚动。此事体大，随后御史上奏弹劾柳公权，很多官员都替柳公权捏了把汗，但也有一部分官员心中暗喜。有人不是看不惯柳公权，就是怨恨柳公权偌大年纪还不退休，占着位置，所以都等着看柳公权的笑话。没想到宣宗皇帝对柳公权一直高看一眼，下旨从轻发落了，最后的结果只是罚了柳公权一季度的俸禄。

虽说从轻发落，但很多与柳公权相厚的朋友都担心他丢了面子，下不来台，其实柳公权历经八十年风雨，这些功名利禄，早已看淡了。

柳公权本性淡泊名利。比如他每日专心于公务和书法，家事基本上交与家人管理。他多年来替人书写碑文，每年都能得到大量的金钱馈赠，而这些钱大都被家中仆人海鸥、龙安等人偷去。每次有人向柳公权报告，柳公权均一笑了之。

柳公权有一个专门装酒具杯盘等银器的筐，有一次他准备宴请朋友，发现筐上的封条原封未动，筐中银器却不翼而飞。柳公权质问海鸥原因，海鸥说："我也不知道怎么丢的。"柳公权微微一笑，说道："大概银杯长出翅膀飞去了。"就不再追究了。

所以因口误而被罚俸之事，柳公权并没有特别在意，不过对宣宗皇帝的恩宠，还是感激的。

说起这位宣宗皇帝，自登基后，众人发现远非传言中的"不慧"，不但不傻，而且明察果断，用法无私，从谏如流，恭谨节俭，惠爱民物。这位百姓口中的"小太宗"，也确实有过人之处。

首先，他重视人才。即位后首选的宰相人选是白居易，但下诏时，白居易已经去世，宣宗十分遗憾，亲笔写下《吊白居易》，以示怀念和恩宠。随后，他整顿吏治，加强中央朝廷的权力。同时严明法度，尤其严禁身边的人干预朝政。

还有一个特点就是善于纳谏。李忱纳谏的程度仅次于唐太宗，不论是谏官论事，还是门下省的封驳（将君主不合适的诏令退回），他大多能够顺从。有一次，他想到华清宫去游乐一次，但谏官纷纷上谏，他便取消了行程。此外，他十分尊重大臣的奏议，每有大臣奏议，他必洗手焚香然后认真观览。

李忱临朝被称为"智术治国"，他平时对待群臣如待宾客，从未有倦容。但一旦谈公事，哪怕是宰相奏事，宣宗皇帝也是威严尽显，令人不可仰视。可一旦公事议定完毕，他就面带笑容，和群臣闲聊，有时候问民间生活琐事，有时候谈宫里游宴，无话不谈。谈一刻钟左右后，宣宗又改颜严肃告诫群臣："你们要好自为之，我总怕你们谁辜负了朕，那么今后咱们就不好相见了！"说完，转身就走，群臣瞠目。以致于当时最得宣宗宠信的宰相令狐绹说过："我秉政十年，皇上对我非常信任，但是在延英殿奏事时，我没有一次不是汗流浃背。"可见，宣宗皇帝治国、治人的手段极其高明。

不过，如此有为的宣宗皇帝，晚期也走上了唐代皇帝的传统，求仙问道，服用金丹，最后身体每况愈下。大中十三年（859），宣宗皇帝背部生疽，久治不愈。到了八月，宣宗病体沉重，自忖不妙，密召枢密使王归长、马公儒、宣徽南院使王居方，命三人拥立他的儿子夔王李滋为太子。

但宣宗病逝后，左神策护军中尉王宗实、副使丌元实杀王归长、马公儒、王居方三人，矫诏立李温为皇太子，次年，更名李漼继承帝位，是为唐懿宗。

柳公权看着又一次闹剧，轻轻摇了摇头，叹息一声。

唐懿宗咸通初年，柳公权看着宦官演出的一幕幕闹剧，回想自己历任几朝皇帝，八十多年沧桑，再也无心在朝为官，便上书请辞。懿宗皇帝诏准柳公权以太子太保之职致仕退休。

唐懿宗咸通二年（861），柳公权书《蒋系先庙碑》，又称《襄州刺史蒋系先庙碑》。郑处晦撰文，立于襄阳延庆寺。

咸通四年（863），八十六岁的柳公权书《封敖碑》，又称《平卢节度封敖碑》，立于京兆。

咸通五年（864），柳公权八十有七，书《魏谟碑》，又称《太子太保魏谟碑》，令狐绹撰文，立于凤翔。此乃柳公权漫长一生中书写的最后一通碑文，气韵贴近自然，体现了柳公权晚年的心境旨趣。

晚年的柳公权，常隐居于华原城南鹳鹊谷，这里距离柳公权华原老家，只有几里地，距离长安城也不远。除了赴京办事比较方便外，柳公权住在这里能够时常回家。鹳鹊谷山水相依、风光秀丽，一派宁静祥和，柳公权追求一份与世无争的安宁，此地正适合隐居。人年纪越大越是眷恋故土，自从住到鹳鹊谷，柳公权才得经常有机会回华原城看看，还留下了很多小故事。

有一年，关中大旱，百姓遭遇饥馑。柳公权听闻后忧心忡忡。恰好有人托朋友请柳公权去给题写一块匾。朋友告知这家乃当地首富，家中有子弟之前曾中文举，今年又有后辈中了武举，主家一时高兴，想挂块匾，辗转求人，请柳公权书写，为的是面上有光。柳公权本不想去，但一方面碍于朋友情面，另一方面也想趁此机会回去看看乡亲们的生活到底怎么样了，就答应了。

在去的路上，柳公权看到百姓生活惨状，心急如焚。等朋友带他来到委托他题匾的这家，发现实乃当地富豪，高楼大院，佣人成群，生活条件很好。可院外饥民满地，却不见他家有施舍周济之举动。柳公权心中有气，到了主家，也不多说话，提笔在匾上写了"文魁武魁"四个大字，写毕转身就走。

豪绅看罢，异常高兴，先中文举，后中武举，可不就是文魁武魁吗？忙命人将牌匾悬挂在大门外，自觉得意洋洋。

不一会儿，院外人声喧嚷，主家以为老百姓看到了匾都来羡慕赞叹，可是管家慌忙跑进来说："不好了，大家都在笑话咱们呢。"

豪绅大感意外，忙问："笑什么？"

管家说："咱们挂匾时没仔细看，原来文魁武魁四个字，各少了一个点……"

一句话，说得豪绅变了颜色，慌忙跑出去仔细一看，果不其然，四个字都少了一个点，急得他面红耳赤，气得直跺脚。可柳公权早就走了，这个豪绅无奈，只好再托朋友请柳公权过来修改，柳公权却托人带话："文举武举，殊为难得，为富不仁，侈谈门面。"

当朋友将话传给豪绅后，豪绅终于醒悟，命令家人开仓赈灾，让当地百姓度过灾年。

之后再请柳公权，柳公权慨然应允，二次来到豪绅家中，豪绅笑脸相迎，柳公权也笑道："开仓赈灾，功德无量！这比挂多少块匾都强啊！"

豪绅点头称是，连连行礼。

柳公权提笔来到门外，对准匾额将笔抛上去，如是四次，给四字各加一点，再看匾额四字意足神完，气度恢弘。众人齐声叫好！

豪绅捧上重金作为谢礼，柳公权笑道："郎君积德行善，柳某自当效仿，这些钱加上我还有一些钱，一齐烦劳郎君操持，都用来赈济灾民吧。"豪绅只好依言照办。

柳公权淡泊名利，正直朴厚，与世无争。即便是为官，也恪守初心。晚唐时期社会混乱，政局动荡，宫廷斗争险恶，柳公权做人做事，无亲无疏，无争无讼，处事平和。在朝堂，严于律己，又勇于直言进谏；在私下，不结党营私，不溜须奉承，刚直公正，正气凛然。这虽然让柳公权在政治上没有太多名垂后世的作为，可同时也让柳公权没有陷入晚唐错综复杂的政治斗争漩涡中。

柳公权饱读诗书，擅长诗文，精通音律，此外，还精通《左传》《国语》《尚书》《毛诗》《庄子》等传统经典，每阐述其中一点，都能讲解数张纸，却信奉述而不作，只注重讲解，不曾留下著述典籍。虽是诗人，但其诗作大多散佚，《全唐诗》仅录六首，其中三首还是应制之作。文章就是为别人撰写碑文数篇，另有一卷《小说旧闻记》，记的尽是奇闻逸事。这部书现仅存三篇，其语言简练，文笔生动，叙述婉转委曲，描写细腻多样，是唐代盛行的传奇小说的路数。

盛唐时期，文化兴盛，各种艺术形式蓬勃发展，书法的成就更是空前，出现了欧阳询、颜真卿、张旭、怀素等多位书法家。多位皇帝崇尚书法，更让书法艺术和书法家获得较高地位，像虞世南、褚遂良、颜真卿，包括柳公权均身居高位。唐代的底蕴和气度，让书法艺术的追求师古而不拘古，开创了一片新天地，成为一个高峰。安史之乱后，随着唐王朝的衰落，书法艺术也受到冲击，而中晚唐书法的代表，当属柳公权。

宋范仲淹曾言："延年之笔，颜筋柳骨。"将颜真卿、柳公权相提并论。颜真卿重"筋"，指颜体雄强丰腴、宽博大度，韧若筋带。柳公权显"骨"，指柳体间架严谨，风骨挺拔，气势雄强。柳公权最醉心于骨力之体现，精心于中锋逆势运行，细心于藏头护尾，汲汲于将神力贯注在线条之中。柳公权的重"骨"，还源于他性格中的"风骨"，这种"风骨"体现在柳子温摆下刀剑、强调

"写字如做人"中，也体现在柳公权"心正则笔正"中，更体现在柳公权为人行事的不傍不倚、不趋不骛的独立与自由之中。

柳公权的性格和努力，使其书法艺术形成了四周舒放、中宫紧闭、壁垒森严的特色，带有超凡脱俗的意味，如后人所说："如深山道士，修养已成，神气清健，无一点尘俗。"

字如其人，书如其人。

自书法成名以来，柳公权一生进退荣辱、宦海沉浮，都与书法有关。尤其是到了晚年，求其书写碑文、墓志的人更是不绝于门。

当时公卿大臣家如需立碑存志，都想尽办法请柳公权来书写，如果碑刻不是出于柳公权手笔，人们就会认为子孙不够尽心，视为不孝。民间更有"柳字一字值千金"的说法。甚至外国使者入唐朝贡，都另外携带钱币，求购柳书。因此，世间均称其书法为"柳体"，广为人知。

这一天，八十八岁的柳公权简单用过晚餐后，习惯性地缓缓走向书房，来到书房门口，刚要推门，正赶上太阳将要落山，西山上一抹红霞照映着半边天，霞光从柳公权身背后投射到书房门窗纸上，一霎时整个书房都红亮起来。

柳公权停下脚步，慢慢转过身来，眯着眼睛望向天上的红霞，迎着霞光，浑身上下都觉得暖洋洋起来。红霞映照的天幕上，有两只不知道什么鸟儿忽闪飞过，一会儿就只剩下两个黑点，越来越看不清了。晚风一阵一阵地袭来，吹在脸上，颇为自在。须发皆白的柳公权就这样默默地看了半天晚霞，不一会儿晚霞消失了，柳公权仍然站立半晌。

天色渐晚，柳公权又缓缓转过身来，推开书房门，坐在熟悉的书案前，闭目定神片刻，铺好纸，拿起笔来，蘸饱墨汁，抬手悬腕许久，却只写下三个字。

柳公权借着灯光端详这几个字，烛影摇曳中，忽然有些恍惚……

他似乎看到了华原柳家老宅，仿佛自己还是七八岁的孩子，刚从外面玩耍回来，跑着进屋去找母亲要吃的……

一转眼，又看到父亲在看自己写的大字，并用一刀一剑在桌上摆了一个"人"字。

柳公权坐在熟悉的书案前，闭目定神片刻，铺好纸，拿起笔来，蘸饱墨汁，抬手悬腕许久，却只写下三个字。

清风拂动，华原城里，"字画汤"白布幌子下人影攒动……

人声鼎沸，自己披红挂彩，新任状元骑在高头大马上夸官……

突然好冷，是夏州的风吗？

莺啼燕舞，齐云楼上风景依旧。

谁在呼唤？文宗皇帝召见了吗？

母亲、父亲、兄长在哪里……

毛笔落地……

灯光跳动中，纸上"飞凤家"三个大字若隐若现。

唐懿宗咸通六年（865），八十八岁的柳公权去世。赠予太子太保。追封为太子太师。

柳公权
生平简表

●◎唐代宗大历十三年（778）
_____

柳公权生于京兆华原。

●◎唐代宗大历十四年（779）
_____

唐代宗崩，太子李适即位，为唐德宗。

●◎唐德宗贞元十三年（797）
_____

柳公权弱冠，取字诚悬。

●◎唐德宗贞元十七年（801）

柳公权书《李说碑》。

●◎唐德宗贞元二十一年（805）

正月，德宗崩，太子李诵即位，为唐顺宗。

八月，顺宗退位，太子李纯即位，为唐宪宗。

●◎唐宪宗元和元年（806）

柳公权登进士科，状元。登博学宏词科，授秘书省校书郎，正九品上。

●◎唐宪宗元和十四年（819）

柳公权被夏州刺史李听辟为幕僚、掌书记、判官，正八品上。

●◎唐宪宗元和十五年（820）

唐宪宗被杀，李恒即位，为唐穆宗。

柳公权书《薛苹碑》。

●◎ **唐穆宗长庆元年**（821）

柳公权任右拾遗、翰林侍书学士。

●◎ **唐穆宗长庆二年**（822）

柳公权任右补阙。

●◎ **唐穆宗长庆四年**（824）

穆宗崩，太子李湛即位，为唐敬宗。

柳公权书《金刚经》《大觉禅师塔铭》。

出翰林院，迁起居郎，六品上。

●◎ **唐敬宗宝历二年**（826）

敬宗被害，李昂即位，为唐文宗。

●◎ **唐文宗大和二年**（828）

柳公权任司封员外郎，从六品上。又充侍书学士，赐紫。

题《晋王献之送梨帖跋》。书《涅槃和尚碑》。

改任库部郎中，从五品上。

●◎唐文宗大和三年〔829〕

柳公权书《李晟碑》并篆额。

●◎唐文宗大和四年〔830〕

柳公权书《王播碑》。

●◎唐文宗大和五年〔831〕

柳公权书《将作监韦文恪墓志》。

迁右司郎中，从五品上。

柳公权书《京兆太清宫钟铭》。

●◎唐文宗大和八年〔834〕

柳公权任兵部郎中、弘文馆学士，充翰林侍书学士。

升谏议大夫，后改中书舍人，仍充翰林侍书学士。

●◎唐文宗大和九年〔835〕

柳公权加知制诰。

●◎唐文宗开成元年（836）

柳公权书《回元观钟楼铭》、《王智兴碑》。

●◎唐文宗开成二年（837）

柳公权书《冯宿碑》《阴符经序》《罗公碑》《柳尊师志》等。

●◎唐文宗开成三年（838）

柳公权书《崔稹碑》《韦元素碑》等。

任工部侍郎、学士承旨，正四品下。

●◎唐文宗开成四年（839）

柳公权书《元锡碑》《李有裕碑》《宪宗女庄淑大长公主碑》《山南西道新修驿路记》等。

●◎唐文宗开成五年（840）

文宗崩，李炎即位，为唐武宗。

柳公权书《苻璘碑》《李听碑》。

●◎唐武宗会昌元年（841）

柳公权书《玄秘塔碑》。

●◎唐武宗会昌三年（843）

柳公权奉旨书《神策军碑》。

●◎唐武宗会昌五年（845）

柳公权书《李载义碑》。

●◎唐武宗会昌六年（846）

武宗崩，李忱即位，为唐宣宗。

柳公权任太子宾客，正三品。

●◎唐宣宗大中元年（847）

书《商於驿路记》《王起碑》《苏氏墓志》《太仓箴》。

●◎唐宣宗大中二年（848）

柳公权为左散骑常侍，又封河东郡公。

书《刘沔碑》。

●◎唐宣宗大中三年（849）

柳公权书《牛僧孺碑》。

●◎唐宣宗大中六年（852）

柳公权书《韦正贯碑》。

●◎唐宣宗大中七年（853）

柳公权书《观音院记》。

●◎唐宣宗大中八年（854）

柳公权书《崔从碑》。

●◎唐宣宗大中九年（855）

柳公权撰并书《濮阳长公主碑》。

●◎唐宣宗大中十一年（857）

柳公权书《复东林寺碑》。

●◎唐宣宗大中十二年（858）

柳公权任太子少师。

●◎唐宣宗大中十三年（859）

宣宗崩，李漼即位，为唐懿宗。

●◎唐懿宗咸通二年（861）

柳公权书《蒋系先庙碑》。

●◎唐懿宗咸通四年（863）

柳公权书《封敖碑》。

●◎唐懿宗咸通五年（864）

柳公权书《魏谟碑》。

柳公权去世，享年八十八岁。